Sekundarstufe

Kurt Schreiner

Zeichensetzung

So geht's!

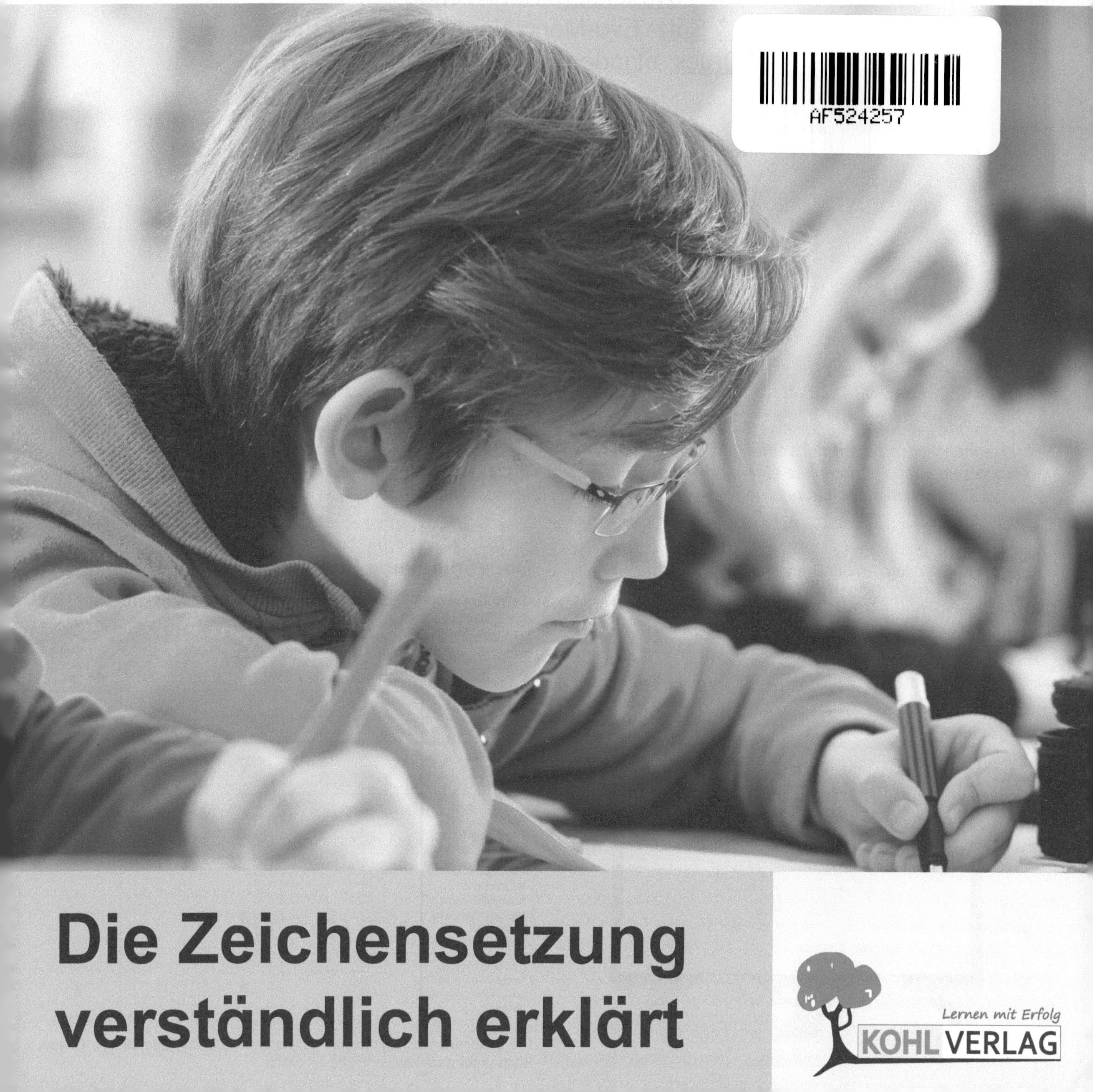

Die Zeichensetzung verständlich erklärt

Zeichensetzung – So geht‘s!

Die Zeichensetzung verständlich erklärt

4. Auflage 2025

Inhalt: Kurt Schreiner
Umschlagbilder: © Kzenon & Blende11.photo - AdobeStock.com
Redaktion: Kohl-Verlag
Grafik & Satz: Eva-Maria Noack & Kohl-Verlag
Druck: elanders Druck, Waiblingen

Bestell-Nr. 12 001

ISBN: 978-3-96040-151-3

Kontakt: Kohl-Verlag, An der Brennerei 37-45, 50170 Kerpen
Tel: +49 2275 331610, Mail: info@kohlverlag.de

Unsere Lizenzmodelle

Der vorliegende Band ist eine Print-Einzellizenz

Sie wollen unsere Kopiervorlagen auch digital nutzen? Kein Problem – fast das gesamte KOHL-Sortiment ist auch sofort als PDF-Download erhältlich! Wir haben verschiedene Lizenzmodelle zur Auswahl:

	Print-Version	PDF-Einzellizenz	PDF-Schullizenz	Kombipaket Print & PDF-Einzellizenz	Kombipaket Print & PDF-Schullizenz
Unbefristete Nutzung der Materialien	x	x	x	x	x
Vervielfältigung, Weitergabe und Einsatz der Materialien im eigenen Unterricht	x	x	x	x	x
Nutzung der Materialien durch alle Lehrkräfte des Kollegiums an der lizensierten Schule			x		x
Einstellen des Materials im Intranet oder Schulserver der Institution			x		x

Die erweiterten Lizenzmodelle zu diesem Titel sind jederzeit im Online-Shop unter www.kohlverlag.de erhältlich.

Inhalt

ZEICHENSETZUNG – so geht's!
Die Zeichensetzung verständlich erklärt – Bestell-Nr. 12 001
KOHL VERLAG

Inhalt

Seite

Inhalt

Bedeutung der Symbole:

Einzelarbeit

Partnerarbeit

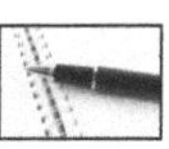
Schreibe ins Heft/ in deinen Ordner

Arbeiten mit der ganzen Gruppe

Arbeiten in kleinen Gruppen

Zur Einführung

Liebe Kolleginnen und Kollegen, liebe Schüler*,

dieser Band gibt einen kurzen, aber zuverlässigen Überblick über die für das Deutsche geltenden Regeln. Eine korrekte Zeichensetzung erleichtert das Lesen und das Verständnis eines Textes, indem es ihm eine sinnvolle optische Gliederung gibt.

Die Zeichensetzung gilt im Allgemeinen als recht kompliziert. Das gilt insbesondere für das Komma. Allerdings sind die verbindlichen Grundregeln, die die allermeisten Zeichensetzungsfälle betreffen, rasch zu erlernen. Bei Zweifelsfällen wird empfohlen, sich in einem Fachbuch Gewissheit zu verschaffen. Das vorliegende Material eignet sich sehr gut als übersichtliches kleines Nachschlagewerk. Die einzelnen Beispiele sind für den Benutzer nützliche, leicht übertragbare Muster.

Auf extrem seltene Einzelfälle und akademische Spitzfindigkeiten wurde im Großen und Ganzen verzichtet, um die einzelnen Regeln schneller auffindbar und das Buch insgesamt leichter lesbar zu machen. So gibt es auch keine Übungsaufgaben zu selten anzuwendenden Satzzeichen und Zeichensetzungsregeln.

Ja, die Zeichensetzung ist vorgeschrieben – und das ist gut so. Die Einheitlichkeit, die ja auch für die Rechtschreibung (und sogar für die Aussprache) gilt, schafft für Schüler und Lehrer, für Brief- und Romanschreiber, für Journalisten und Setzer bzw. Mediengestalter eine wünschenswerte Rechtssicherheit.

Allerdings bleibt die Möglichkeit, dem geschriebenen und gedruckten Text eine jeweils eigene Note zu geben, dennoch erhalten. In einem gewissen Maß kann der Schreiber Satzzeichen nach seinem Geschmack und seinem Textverständnis individuell vergeben. Voraussetzung ist freilich, dass die von ihm gewählte Zeichensetzung, bezogen auf den Textinhalt, in sich sinnvoll ist und dass der Text nicht mit Satzzeichen überladen wird. Fehler entstehen nicht nur dadurch, dass man zu wenige, sondern auch, dass man zu viele Satzzeichen verwendet.

An zahlreichen Stellen dieses Bandes hat der Benutzer die Möglichkeit, das Erlernte auszuprobieren und sich auf diese Weise einzuprägen. Die Übungen beziehen sich allerdings fast ausschließlich auf die besonders wichtigen, im Alltag häufig vorkommenden Zeichensetzungsfälle. Bei schwierigeren Ausnahmen empfiehlt es sich, in den jeweiligen Kapiteln nachzuschlagen.

Allen, die diese Kopiervorlagen benutzen, wünsche ich guten Erfolg. Sicher ist es auch ein angenehmes Gefühl, wenn man in der Lage ist, die Sätze gewandt zu formulieren, die Wörter fehlerfrei zu schreiben und an der richtigen Stelle die Punkte und Kommas oder die Anführungszeichen zu setzen. Ein gelungener persönlicher Brief oder ein Bewerbungsschreiben ohne Fehler ist eine gute Visitenkarte!

Viel Freude und Erfolg wünschen das Kohl-Verlagsteam und

Kurt Schreiner

Mit den Schülern bzw. Lehrern sind im ganzen Heft selbstverständlich auch die Schülerinnen und Lehrerinnen gemeint!

1 Der Punkt

– nach Aussagesätzen

Grundregel

Der Punkt ist das Schlusszeichen eines Aussagesatzes. Die Stimme hat sich gesenkt. Zumeist beginnt ein neuer Satz.

- **Klaus spielt Handball.**
- **Wir wandern zur Burg, obwohl es leicht regnet.**

Schloss Waldenburg in Nordwürttemberg

- **Heute gibt es kein Fleisch. Aber morgen koche ich euch Gulasch.**

Der Punkt kann auch am Ende von verkürzten Sätzen stehen.

- **Das Wetter ist sonnig und warm. Allerdings leider nur heute.**
- **Alles nur Geschäftemacherei. Ich habe es gleich gewusst.**

Aussagesätze sind von den Frage- und Aufforderungssätzen zu unterscheiden. Hier werden – statt des Punktes – für gewöhnlich Frage- bzw. Ausrufezeichen gesetzt.

- **Wann kommt der Zug?**
- **Bitte gib mir zwei Tage Bedenkzeit!**

KOHL VERLAG ZEICHENSETZUNG – so geht's! Die Zeichensetzung verständlich erklärt – Bestell-Nr. 12 001

1 Der Punkt

– nach Ordnungszahlen

Grundregel

Nur nach Ordnungszahlen steht ein Punkt. Hinter den natürlichen Zahlen steht kein Punkt, es sei denn, dass sie sich am Ende eines Satzes befinden.

- **Petra kommt im Sommer in die 10. Klasse.**
  (aber: **Die Klasse 10 wird mit einer Prüfung abgeschlossen.**)
- **Heute ist der 23. Mai.**
- **Am 11. bin ich in Stuttgart.**
- **Wir treffen uns am 6.**
  (nur ein Punkt! Aber:
  Wartet gefälligst bis zum 6.!)
- **Das Orchester spielte die 6. Sinfonie von Ludwig van Beethoven.**
- **Ludwig XIV. war König von Frankreich.**
- **Kennst du Heinrich VIII.?**

Ludwig van Beethoven

EA

Aufgabe 1: *Setze die Punkte, wo sie erforderlich sind.* 

- Wir haben das Zimmer 214 für Sie reserviert
  Die Zahl 68 hat gewonnen
  Ich habe 50 Dollar auf die 10 gesetzt

- Die Ausstellung beginnt am 2 und endet am 30 Juli
  Kaiser Wilhelm II regierte von 1888 bis 1918
  Das 5 Gebot lautet: „Du sollst nicht töten"
  Unsere Konzertplätze sind in der 11 Reihe

- Die 7 Klasse fährt nach Ostern ins Schullandheim
  Die 7 gilt vielen als magische Zahl

- Hugo liest einen Krimi Melanie kocht Quittengelee

KOHL VERLAG ZEICHENSETZUNG – so geht's! Die Zeichensetzung verständlich erklärt – Bestell-Nr. 12 001

1 Der Punkt

– bei Abkürzungen

Bei Abkürzungen wird aber unterschiedlich verfahren.
Ein Punkt steht hinter:

- **Dr. (Doktor), Dres. (Plural: lat. doctores), Prof. (Professor)**
- **z. B. (zum Beispiel), u. a. (unter anderem), bzw. (beziehungsweise), ggf. (gegebenenfalls)**

In der Regel werden die Kurzformen nicht als Abkürzungen gesprochen. (Ausnahmen: a. D. – außer Dienst, e. V. – eingetragener Verein, Dr. h. c. – honoris causa, ehrenhalber)

Ein Punkt steht auch bei verkürzten Wörtern dieser Art:

- **Verw.-Gemeinschaft, Haftpfl.-vers., Goethestr. 12, Mülheim a. d. Ruhr, Frankfurt a. M.**

Bei Maßeinheiten, Himmelsrichtungen u. a. steht kein Punkt:

- **m, kg, min (Minute), W (Watt), SW (Südwest)**

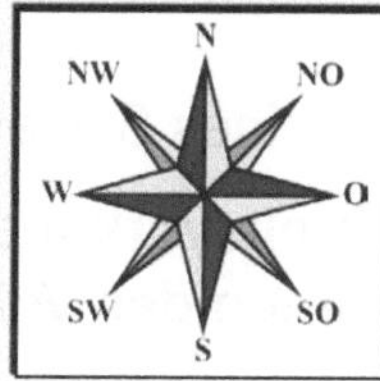

Bei als Abkürzung gesprochenen Wörtern (Initialwörtern) steht zumeist kein Punkt:

- **WDR** (gesprochen we-de-er), **OB, BGB, USA, SPD, Lkw, BMW, ICE, NATO** (gesprochen Na-to), **UNESCO** (United Nations Educational, Scientific and Cultural Organization), **UV-Strahlen** (Ultraviolettstrahlen)
- **TÜV** (gesprochen Tüf), **UNICEF**
- **Fe** (gesprochen F-e, chemisches Symbol für Eisen), H_2SO_4 (gesprochen Ha-zwei-es-o-vier, Schwefelsäure)

Im Einzelfall empfiehlt es sich, die Schreibung mithilfe eines Wörterbuches zu überprüfen.

Am Satzende steht grundsätzlich nur ein Punkt:

- **Onkel Hugo kandidiert für die CDU. Er ist Baurat a. D.**
  (aber: Kandidiert Onkel Hugo für die CDU? Ist er Baurat a. D.?)
- **Unser Getränkemarkt liefert Mineralwasser, Limonade, Bier, Wein usw.**

EA

Aufgabe 2: *Sammle Abkürzungen (z. B. aus der Zeitung), die mit oder ohne Punkt zu schreiben sind.*

Beispiel:

- mit Punkt:
  d. h. (das heißt), e. V. (eingetragener Verein), ev. (evangelisch) ...
- ohne Punkt:
  DFB (Deutscher Fußballbund), FDP, ha (Hektar) ...

– bei Auslassungen

Auslassungen von Wörtern und Textteilen werden oft durch drei Punkte gekennzeichnet:

- **Das Wetter war besch...** (bescheuert)
- **Die Kunst soll mithelfen, erzieherisch auf das Volk einzuwirken ...** (Kaiser Wilhelm II., verkürztes Zitat)
- **Als dies geschehen war, meldete die Glocke ... , dass ein Zug ... aus der nächstliegenden Station abgelassen sei.** (Der ungekürzte Text lautet: Als dies geschehen war, meldete die Glocke mit drei schrillen Schlägen, die sich wiederholten, dass ein Zug in der Richtung von Breslau her aus der nächstliegenden Station abgelassen sei. – Gerhart Hauptmann: Bahnwärter Thiel)

Am Ende eines Satzes wird kein zusätzlicher Schlusspunkt gesetzt:

- **Die Urteilsverkündigung beginnt stets mit den Worten: Im Namen des Volkes ...**

Das Ausrufe- bzw. das Fragezeichen bleiben evtl. erhalten:

- **Gib mir das Geld und ...!**
- **Bleibst du zu Hause oder ...?**

Aber: Ein Abkürzungspunkt steht zusätzlich zu den Auslassungspunkten:

- **Die Polizei verhaftete den mutmaßlichen Brandstifter Uwe M. ...**
Herr Lund ist Regierungsrat a.D. ...

Die drei Auslassungspunkte können auch in runden Klammern stehen. In wissenschaftlichen Texten werden in der Regel eckige Klammern gesetzt:

- **Wer die Freiheit der Meinungsäußerung (...) zum Kampf gegen die freiheitlich demokratische Grundordnung missbraucht, verwirkt diese Grundrechte.** (Grundgesetz für die Bundesrepublik Deutschland, Art. 18)
- **Nachdem also [...] König Heinrich gestorben war, wählte sich das gesamte Volk der Franken und Sachsen seinen Sohn Otto [...] als Herrscher aus.** (Der ungekürzte Text lautet: Nachdem also der Vater des Vaterlandes und der größte wie beste König Heinrich gestorben war, wählte sich das gesamte Volk der Franken und Sachsen seinen Sohn Otto, der bereits vorher vom Vater zum König designiert worden war, als Herrscher aus. – Widukind von Corvey: Die Sachsengeschichte)

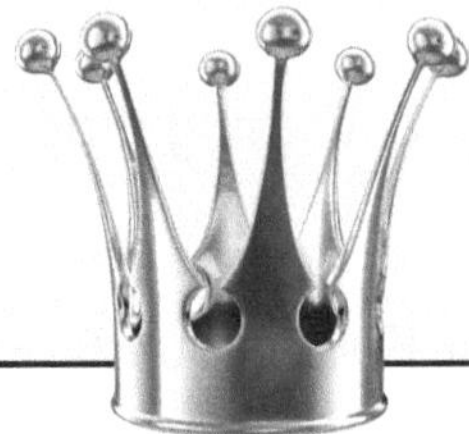

KOHL VERLAG ZEICHENSETZUNG – so geht's! Die Zeichensetzung verständlich erklärt – Bestell-Nr. 12 001

1 Der Punkt

– bei der Gliederung höherer Zahlen

- **2.443,56 Euro, 65.988 Einwohner**
  (auch: 2 443,56 Euro, 65 988 Einwohner)
- **5.032.547 $** (auch: 5 032 547 $/Dollar)

Jahreszahlen und Seitenzahlen dürfen nicht durch Punkte gegliedert werden:

- **im Jahr 1848, Seite 1211**

– bei Überschriften, Buchtiteln, Grußformeln, Datumsangaben und Unterschriften

Hier steht in der Regel kein Punkt.

- **Mein schönstes Ferienerlebnis**
  Die Sommerferien habe ich in diesem Jahr gemeinsam mit meinen Eltern und meiner Schwester Lydia auf der Insel Norderney verbracht ...
  (Schulaufsatz)
- **Die neue Turnhalle kommt**
  Gestern Abend hat der Gemeinderat von Bedorf nach langen und durchaus kontroversen Beratungen beschlossen, die alte Turnhalle an der Jahnstraße abreißen zu lassen und durch einen großzügigen Neubau zu ersetzen ...
  (Zeitungsartikel)
- **Der Knabe im Moor**
  Von Annette von Droste-Hülshoff
  O schaurig ist's, übers Moor zu gehn ... (Gedicht)
- **Jean-Paul Sartre**
  Das Spiel ist aus (Buchtitel)
- **Mit freundlichen Grüßen**
  Johannes Burger (Grußformel)
- **Koblenz, 11. August 2017** (Datumsangabe in einem Brief)

Bei Anschriften in Briefen und auf Briefumschlägen steht kein Punkt:

Frau	aber:	**Herrn**
Isolde Reichwein		**Dr. Aloys Schmücker**
Kelterweg 8		**Regierungspräsident a. D.**
24147 Kiel		**Sommergasse 11**
		18119 Rostock

ZEICHENSETZUNG – so geht's!
Die Zeichensetzung verständlich erklärt – Bestell-Nr. 12 001
KOHL VERLAG

1 Der Punkt

Am Ende der Betreffzeile in Briefen steht kein Punkt:

– **Änderung unserer Versicherungsbedingungen**

– **Ihr Baugesuch vom 30. September**

Die Ankündigung *Betreff* wird heute in der Regel weggelassen.

Bei Bildunterschriften steht im Allgemeinen kein Punkt:

– **Eiswüste am Südpol**

– **Grundschüler spenden für Zirkustiere**

(aber: Die Metzgerei Faltermaier feiert ihr 100-jähriges Bestehen. Heute gibt's für jeden Kunden eine Gratiswurst.)

EA

Aufgabe 3: *Adressiere einen Brief oder eine Postkarte an eine Person oder an eine Firma (die Zeitung, die Versandhandlung, den Vermieter usw.)*

KOHL VERLAG ZEICHENSETZUNG – so geht's! Die Zeichensetzung verständlich erklärt – Bestell-Nr. 12 001

1 Der Punkt

– bei der Gliederungen, Aufsatzplänen und Inhaltsverzeichnissen

Inhaltsverzeichnisse und mancherlei Listen lassen sich durch einfache numerische Aufzählung gliedern. Zumeist (nicht immer) steht hinter den einzelnen Ziffern ein Punkt:

1. **Einleitung**
2. **Die Dampfmaschine**
3. **Technische Neuerungen in der Textilherstellung**
4. **Die industrielle Produktion**
5. **Kapital und Arbeit**
6. (...)

Heute wird oft die sogenannte Dezimalgliederung verwendet, weil sie sehr übersichtlich ist und ggf. sehr leicht erweitert werden kann.
Hier ein einfaches Beispiel:

Geht das Zeitalter des gedruckten Buches zu Ende?

1. (Einleitung) **Die sogenannten E-Books sind sehr beliebt und vergrößern Jahr für Jahr ihren Marktanteil.**

2. (Hauptteil) **Es gibt eine Reihe von Argumenten, die für, aber auch gegen das Ende des gedruckten Buches sprechen.**

2.1 **Das gedruckte Buch hat in unserem durch Informationstechnik und Computer bestimmten Zeitalter keine Überlebenschance.**

2.1.1 **E-Books sind mit geeigneten Empfangs- und Lesegeräten überall verfügbar, ohne dass man schwere Bücher mitnehmen muss.**

2.1.2 **Gedruckte Bücher, z. B. Lexika oder Lehrbücher, veralten sehr schnell.**

2.1.3 (...)

2.2 **Viele Menschen ziehen aus guten Gründen das gedruckte Buch einem E-Book vor.**

2.2.1 (...)

2.2.2 (...)

2.3 **Vermutlich werden in Zukunft beide Verbreitungsmöglichkeiten nebeneinander genutzt werden.**

2.3.1 (...)

2.3.2 (...)

3. (Schluss) **Jeder mag für sich selbst entscheiden, welche Medien er für Unterhaltung und Wissensvermittlung nutzen möchte.**

KOHL VERLAG ZEICHENSETZUNG – so geht's! Die Zeichensetzung verständlich erklärt – Bestell-Nr. 12 001

1 Der Punkt

EA

Aufgabe 4: *Schreibe die folgenden Sätze ab und füge den Punkt bzw. die Punkte an der richtigen Stelle ein. – Nach dem Punkt ist großzuschreiben.*

- Heute ist Mittwoch wir treffen uns am Nachmittag im Freibad
  Herr Müller wohnt in Soest er ist ein Vetter meines Vaters persönlich kenne ich ihn leider aber nicht
- Der Sommer war in diesem Jahr sehr heiß fast jeden Tag stiegen die Temperaturen auf über 30 Grad Celsius nachmittags trafen wir uns zumeist im Freibad abends saßen wir noch lange auf der Bank vor dem Haus

- Der Elefant *(nach der Überschrift kein Punkt!)*

  Der Elefant ist das größte auf dem Land lebende Tier er kann ein Gewicht von bis zu 5 Tonnen erreichen und bis zu 10 Meter lang werden den asiatischen Elefanten gibt es vor allem in Indien der afrikanische Elefant lebt im Süden Afrikas ursprünglich soll es dort mehrere Millionen dieser Tiere gegeben haben inzwischen hat sich ihre Anzahl auf etwa eine halbe Million verringert
  Die Stoßzähne der Elefanten bestehen aus Elfenbein sie lassen sich zu wertvollen Schmuckstücken verarbeiten heute unterliegt der Handel mit dem kostbaren Material sehr strengen Vorschriften aber immer noch werden viele der geschützten Tiere durch Wilderer getötet sie verkaufen das Elfenbein über dunkle Kanäle und verdienen damit viel Geld

2 Das Fragezeichen

– bei Fragesätzen

Grundregel

Das Fragezeichen steht als Schlusszeichen nach direkten Fragesätzen.

- **Wo fließt der Orinoko?**
  Warum muss ich heute zu Hause bleiben?
- **Bist du ausgeschlafen?**
  Du kennst mich auch nicht?
- **„Wie finde ich den Omnibusbahnhof?", fragte der Fremde.**
  „Mit oder ohne Sahne?", wollte die Serviererin wissen.

Die Fragesätze können auch die Form von Aussagesätzen haben.
Beim Sprechen ist an der Stimmführung aber leicht zu erkennen, dass sie als Fragen gemeint sind:

- **Du bist schon wieder krank?** (Ja, leider.)
- **Frau Lorenz will uns zum Kaffee einladen?** (Ja, sie hat es selbst gesagt.)

Die Fragesätze können auch verkürzt sein:

- **Heute keine Suppe?**
  Sofort?
  Wo?
  Kein Geld für ein neues Handy?

Grundregel

Bei indirekten, nicht wörtlichen Fragen steht in der Regel kein Fragezeichen.

- **Der Detektiv fragte, wo sich der Flüchtige aufhält.**
  (Wo hält sich der Flüchtige auf?)
  Ich möchte wissen, warum du gelogen hast. (Warum hast du gelogen?)

Das Fragezeichen muss aber gesetzt werden, wenn der übergeordnete Satz selbst ein Fragesatz ist:

- **Fragst du mal, wo der Bus hält?** (Fragst du mal? – Wo hält der Bus?)
  Weiß jemand, wo der Baikalsee liegt? (Weiß [das] jemand? – Wo liegt der Baikalsee?)
  Hast du eine Idee, wie wir den zusätzlichen Ferientag nützen können?
  (Hast du eine Idee? – Wie können wir den zusätzlichen Ferientag nützen?)

KOHL VERLAG Lernen mit Erfolg
ZEICHENSETZUNG – so geht's!
Die Zeichensetzung verständlich erklärt – Bestell-Nr. 12 001

2 Das Fragezeichen

– bei unsicheren Aussagen

Ein nachgestelltes, in Klammern gesetztes Fragezeichen kann andeuten, dass eine Aussage unsicher ist oder bezweifelt werden kann:

- **Johannes Gutenberg wurde um 1400 in Mainz (?) geboren.**
  (Es ist nicht ganz sicher, ob Mainz wirklich sein Geburtsort war.)
- **Die Umgehungsstraße soll bereits in einem Jahr (?) fertig sein.**
  (Das ist aber gar nicht sicher.)

– Ausnahmen

In ganz seltenen Fällen kann der Schreiber das Frage- und das Ausrufezeichen miteinander kombinieren:

- **Hast du noch alle Tassen im Schrank?! Für nichts und wieder nichts?!**

Wenn ein Fragesatz als eine dringende Aufforderung zu verstehen ist, dann steht ausnahmsweise ein Ausrufezeichen:

- **Würden Sie gefälligst aus dem Weg gehen! Können Sie denn gar nicht warten!**

Das Fragezeichen muss ggf. auch bei freistehenden Zeilen wie Buchtiteln, Zeitungsüberschriften, Bildunterschriften u. Ä. stehen:

- **Wo warst du, Adam?** (Roman von Heinrich Böll)
  Quo vadis? (Roman von Henryk Sienkiewicz)
- **Ist der Sommer vorbei?**
  Muss es auf dem Bahnhofsvorplatz so aussehen? (Zeitungsüberschriften)

EA

Aufgabe 1: *Punkt oder Fragezeichen. Was ist hier richtig? (Vorsicht: Bisweilen kommt es auf den Zusammenhang an, in dem eine Äußerung steht!)*

- Gibst du mir dein Handy
  Du hast sicher keinen Hunger
  Wo liegt die Stadt Neapel
  War das schon alles
  Ihre Frage kann ich nicht beantworten
  Wer hat Angst vor dem schwarzen Mann
- Für den Heimweg müssen wir genügend Zeit einplanen, zwei oder drei Stunden
  Wie lange sind wir unterwegs, zwei oder drei Stunden
- Wie oft
  Kaffee oder Tee
  Am Samstag oder am Sonntag

KOHL VERLAG ZEICHENSETZUNG – so geht's! Die Zeichensetzung verständlich erklärt – Bestell-Nr. 12 001

3 Das Ausrufezeichen

– bei Aufforderungen, Befehlen u. Ä.

Grundregel

Das Ausrufezeichen soll dem Gesagten oder Geschriebenen besonderen Nachdruck verleihen. Es wird vor allem auch bei Aufforderungen und Befehlen, aber auch bei Bitten und Verboten verwendet.

- **Aufforderung:**
  Kommen Sie in mein Büro!
  Lies den ersten Abschnitt auf Seite 12!
- **Befehl:**
  Verlasst sofort unser Grundstück!
  Halten Sie den Mund!
  Stillgestanden!
  Nero, fass!
- **Bitte:**
  Lass mich doch noch ein Stündchen schlafen!
  Gib mir mal die Marmelade!
  Noch etwas mehr Soße!
  Bitte etwas lauter!
- **Verbot:**
  In dieser Feuergasse ist das Parken polizeilich untersagt!
  Rauchen verboten!
  Weg da!

Bei Aufforderungen, Bitten u. Ä., die ohne besonderen Nachdruck gesprochen werden, kann auch ein Punkt stehen:

- **Stellen Sie die Blumen in die Vase.**
  Lass uns hier noch ein wenig ausruhen.
- **Gib mir noch einmal das Fernglas.**
  Schreib mir bitte aus Paris eine Postkarte.

3 Das Ausrufezeichen

– bei Grußformeln und Ausrufen

- **Guten Morgen!**
  Herzlich willkommen!
  Viel Glück im neuen Lebenjahr!
- **Gott sei Dank!**
  Halt!
  Ruhe!
  Hier bitte!
  Niemals!
  Pfui!

– in Buchtiteln, Zeitungsüberschriften u. Ä.

- **Die Waffen nieder!**
  (so der Originaltitel, Antikriegsbuch von Bertha von Suttner)
  So nicht, Herr Bürgermeister! (besonderer Nachdruck, Zeitungsartikel)
- **Vorsicht, Dachlawinen!**
  Alles zum halben Preis!
  Sale! (Schlussverkauf)

– nach Anreden

- **Meine Damen und Herren!**
  Sehr geehrter Herr Bürgermeister!
  Kommilitoninnen und Kommilitonen!
- **Liebe Tante Charlotte!**
  Ganz herzlich bedanke ich mich für dein Geburtstagsgeschenk ...

Nach dem Ausrufezeichen wird großgeschrieben.

Heute wird nach Anreden statt des Ausrufzeichens zumeist ein Komma verwendet. Danach ist kleinzuschreiben:

- **Verehrte Gäste,**
  wir feiern heute ein ganz besonderes Fest ...

In der Schweiz wird nach der Anrede in der Regel auf das Satzzeichen verzichtet. Der nachfolgende Satzanfang wird großgeschrieben:

- **Lieber Urs**
  Du weißt, dass ich vor einer Woche nach Solothurn umgezogen bin ...

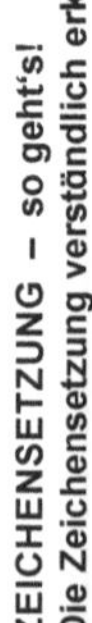

3 Das Ausrufezeichen

– bei Hervorhebungen

Gelegentlich dient das Ausrufezeichen dazu, die besondere Aufmerksamkeit des Lesers auf eine Aussage im Text zu richten:

- **Die Jahresfeier unseres Vereins beginnt bereits um 18.30 Uhr (!) im Gemeindesaal.**
- **Ein Staatsanwalt (!) steht wegen Steuerhinterziehung vor Gericht.**
- **Die alte Dame beherbergte in ihrer Dreizimmerwohnung 14 (!) Katzen.**

– Ausnahmen

Bei Fragesätzen, die als Aufforderung oder Ausruf gemeint sind, kann ein Ausrufezeichen stehen:

- **Was erzählen Sie mir da für einen Unsinn!**
  Warum nur!

In sehr seltenen Ausnahmefällen können das Fragezeichen und das Ausrufezeichen miteinander kombiniert werden:

- **Warum lässt du mich stundenlang im Regen warten?!**
  Hast du nur Dummheiten im Kopf?!

EA

Aufgabe 1: *Entscheide dich für das richtige Satzzeichen.*

Morgen schneit es ☐

Magst du Spaghettieis ☐

Sei endlich still ☐

Aufgepasst ☐

Warum ☐

Heute Abend ☐

Ich möchte wissen, was diese Turnschuhe kosten ☐

Wissen Sie, wann der nächste Zug fährt ☐

Deine blöden Witze kannst du dir sparen ☐

4 Das Komma

Grundregel

Das Komma gliedert einen Satz oder eine Wortgruppe. Es dient dazu, den Überblick und damit das Lesen und Verstehen zu erleichtern. Beim Lesen zeigt es in der Regel eine kurze Pause an.

Für eine korrekte Zeichensetzung ist es wichtig, grammatische Zusammenhänge im Satz zu durchschauen. Das trägt auch dazu bei, überflüssige oder falsch gesetzte Kommas zu vermeiden.

– bei Aufzählungen

- **In unserem Garten blühen Narzissen, Tulpen, Hyazinthen.**
  Die Tulpen sind rot, gelb, weiß.
  Die Kursteilnehmer malten, schnitzten, töpferten.
- **Heute bin ich sehr, sehr müde.**
  Auf dem Platz vor dem Stadion standen Autos, Autos, Autos.

Auch das gilt als Aufzählung:

- **Mit viel Optimismus, <u>so</u> wanderte mein Urgroßvater nach Amerika aus.**
- **Spazierengehen und Wandern, <u>das</u> hält dauerhaft gesund.**

Das Komma steht nicht, wenn die aufgezählten Wörter durch und oder oder verbunden sind:

- **In unserem Garten blühen Narzissen, Tulpen <u>und</u> Hyazinthen.**
  Die Tulpen sind rot <u>und</u> gelb <u>und</u> weiß.
  Die Kursteilnehmer malten, schnitzten <u>oder</u> töpferten.

Das gilt auch für die Konjunktionen sowie, sowohl – als auch, weder – noch:

- **Wir führen Weine aus Deutschland <u>sowie</u> aus Frankreich, Italien, Spanien und Griechenland.**
- **Unsere Reise führt <u>sowohl</u> nach Kopenhagen <u>als auch</u> nach Stockholm und Oslo.**
- **Nick mag <u>weder</u> Spinat <u>noch</u> Blumen- oder Rosenkohl.**

Kopenhagen

KOHL VERLAG ZEICHENSETZUNG – so geht's! Die Zeichensetzung verständlich erklärt – Bestell-Nr. 12 001

4 Das Komma

Nicht nur Einzelwörter, sondern auch Wortgruppen können aufgezählt werden. Auch hier ist das Komma zu setzen:

- **Lena servierte eine Bärlauchsuppe, gegrillte Hähnchenschenkel mit Pommes frites und einen Vanillepudding mit Himbeeren.**
- **Unser Mitarbeiter holt die Waschmaschine im Zentrallager in Essen ab, bringt sie Ihnen in die Brahmsstraße und schließt sie dann gleich an die Strom- und Wasserversorgung an.**
- **Ich fahre in die Provence, um mich zu erholen, um Neues kennenzulernen und um meine Französischkenntnisse aufzufrischen.**
  Im Schullandheim vertrieben wir uns singend, Mühle spielend, tanzend und Papierflieger bastelnd die Zeit.

Vorsicht: Nicht immer bilden zusammengerückte Adjektive eine Aufzählung! Bisweilen dient das erste Adjektiv dazu, das nachfolgende Wort oder die nachfolgende Wortgruppe näher zu bestimmen. In diesem Fall ist kein Komma zu setzen:

- **Auf unseren Sieg sind wir mächtig stolz.**
  Die Musik ist unerträglich laut.
- **Familie Weber hat sich ein bescheidenes neues Haus am Stadtrand gekauft.**
  Heute ist das Wetter unangenehm kühl.

In manchen Fällen muss der Schreiber prüfen, ob die zusammengerückten Adjektive als nicht gleichrangig oder als gleichrangig zu werten sind. Die Gleichrangigkeit ist daran zu erkennen, dass die beiden Adjektive mit und verbunden werden könnten:

- **Petra hat braunes, welliges Haar.** (braunes und welliges Haar)
  Hinter dem Haus liegt ein kleiner, versteckter Garten. (klein und versteckt)

aber:

- **Im Unterricht lesen wir eine unendlich langweilige Novelle.** (und?)
  Zwischen Nürnberg und Fürth fuhr die erste deutsche Eisenbahn. (und?)
- **Die Firma Goldmann verkauft erlesene, erstaunlich preiswerte Weine.**
  (erlesen und preiswert; kein Komma zwischen erstaunlich und preiswert)

In manchen Fällen sind beide Schreibungen möglich. Der Schreiber muss entscheiden – u. U. mittels einer Hörprobe –, wie er den Satz verstanden haben will. Das Komma bewirkt eine kurze Sprechpause:

- **Dedorf ist eine kleine ländliche Gemeinde. Oder: Dedorf ist eine kleine, ländliche Gemeinde.**
- **Tina hat langes rotes Haar. Oder: Tina hat langes, rotes Haar.**

In Auflistungen dieser Art kann das Komma fehlen:

Unsere Filialen in Baden-Württemberg:
- **Stuttgart**
- **Karlsruhe**
- **Freiburg**
- **Heidelberg**

4 Das Komma

EA

Aufgabe 1: *Setze die fehlenden Kommas.*

- Petra lädt Anne Ingrid Aysche Claudia zum Geburtstag ein.

  Ich habe dich Philipp Sebastian und meinen Bruder Klaus für die Wanderung angemeldet. (4 Personen)

- Ich habe drei vier fünf Mal bei dir angerufen.

Wir führen in unserem Laden französische spanische portugiesische und griechische Rotweine.

- Im Garten blühen rote Rosen gelbe Sonnenblumen und blauer Rittersporn.

  Am Nachmittag fahre ich mit dem Zug nach Köln besichtige dort den Dom bummle die Hohe Straße entlang und setze mich dann irgendwo in ein nettes Café.

- Heute ist eine Menge zu erledigen: Am Morgen gehen wir gemeinsam aufs Feld und ernten die Kürbisse am Nachmittag holen wir 25 Sack Volldünger im Lagerhaus und am Abend reparieren wir den Weidezaun.

KOHL VERLAG ZEICHENSETZUNG – so geht's! Die Zeichensetzung verständlich erklärt – Bestell-Nr. 12 001

4 Das Komma

– bei vorangestellten Titeln

Hier steht kein Komma:

– **Kultusminister Professor Dr. Hans Giebler**
  Frau Rechtsanwältin Dr. Iris Maier-Funk

– bei Zusätzen wie geb., verh., verw.

Hier bleibt es dem Schreiber überlassen, ob er Kommas setzen will oder ob er darauf verzichtet:

– **Frau Annette Edelmann geb. Müller kandidiert für den Kirchengemeinderat.**

– **Frau Luise Hirsch, verw. Bader, hat den Tierschutzverein über Jahre hinaus großzügig finanziell unterstützt.**

– bei nachgestellten Ergänzungen

Ein Komma steht für gewöhnlich bei nachgestellten erläuternden Adjektiven bzw. bei anderen nachgestellten Ergänzungen. Wenn sie in den Satz eingeschoben sind, werden sie durch zwei Kommas eingeschlossen:

– **Die Marktfrau verkauft mehrere Sorten Tomaten, kleine und große, kugelrunde und ovale, rote und gelbe.**

– **Der Trainer, jung und dynamisch, gibt unserer trägen Mannschaft neuen Schwung.**

– **Das Wetter im Urlaub war miserabel, nass und kalt. (Das Wetter im Urlaub war miserabel, nämlich nass und kalt.)**

– **Die Firma Bürger, Hoch- und Tiefbau, konnte eine neue Lagerhalle einweihen.**
  Die Zeche „Zollverein", Essen, ist heute ein Industriedenkmal.
  Dr. Leonhard Kühnle, 42, verheiratet, wurde gestern zum neuen Oberbürgermeister gewählt.

– **Das Auto, funkelnagelneu, startete zu seiner ersten Fahrt.**
  Diese Schlafcouch, preiswert und praktisch, gibt es nur bei uns.

4 Das Komma

Oft werden die nachgestellten Erläuterungen durch und zwar, z. B., nämlich, insbesondere oder ähnliche Wörter eingeleitet:

- **Wir treffen uns am Montagmorgen um 9 Uhr, und zwar pünktlich.**
- **Einige Pilze sind sehr giftig, z. B. der Fliegenpilz oder der Knollenblätterpilz.**
  Deine alten Briefmarken, z. B. die aus Brasilien, sind recht wertvoll.
- **Philipp sammelt alte Münzen, insbesondere solche aus der Kaiserzeit.**
- **Am Samstagnachmittag spielen wir Tennis, zumeist um 17 Uhr, und trinken danach im „Ochsen" noch ein Bier.**
- **Am frühen Morgen machten sich die Bergsteiger, allen voran mein Bruder Fritz, auf den Weg.**

- **Mehrere von euch, nämlich Susi, Klemens, Aysche und Fabian, haben gestern gefehlt.**
- **Die Jugendfeuerwehr trifft sich wie immer, d. h. am Donnerstagabend, zu ihrer wöchentlichen Übung.**
- **Gemeinsam, allerdings ohne meine Freundin Senta, fuhren wir an den Baggersee zum Baden.**
- **Endlich erreichten wir, wenn auch mit einer Stunde Verspätung, den Bahnhof in Bärental.**

Das abschließende Komma entfällt, wenn der Einschub zwischen Adjektiv und Substantiv bzw. zwischen Verb und Hilfsverb steht:

- **Das Fernsehen sendet sehr lehrreiche, insbesondere erdkundliche und geschichtliche Dokumentationen.**
- **Ich gehe davon aus, dass du dich bei mir melden, vor allem aber einmal bei mir vorbeikommen wirst.**

Aufgabe 2: *Setze die fehlenden Kommas.*

EA

- Der Felsbrocken vermutlich mehr als eine Tonne schwer versperrte den Zugang ins Gebirge.
  Richard schlagfertig wie immer versetzte unseren Zeichenlehrer in große Verlegenheit.
- Dieser Teppich drei mal vier Meter ist für unser Esszimmer zu groß.
  Carlo 194 cm groß ist der geborene Basketballspieler.
  Nikolaus Mettenleitner SPD wurde mit 57 Prozent der Stimmen zum Bürgermeister gewählt.
- Ein braunes Fohlen kaum zwei Wochen alt weidete unter den Apfelbäumen.

- Einige Länder in Osteuropa habe ich bereits besucht und zwar Russland Litauen Polen und Ungarn.
  Franziska spricht mehrere romanische Sprachen u. a. Französisch Italienisch und Portugiesisch.
- Ich lese gern Romane russischer Autoren insbesondere die von Tolstoi und Dostojewski.
  Wir allen voran meine Schwester Silvia flohen vor dem wütenden Stier.
  Zwei Gewürze nämlich Lorbeerblätter und Paprikapulver musst du noch einkaufen.
- Wir heißen unser neues Vereinsmitglied erfreulicherweise eine junge Frau aus Spanien ganz herzlich willkommen.

KOHL VERLAG ZEICHENSETZUNG – so geht's! Die Zeichensetzung verständlich erklärt – Bestell-Nr. 12 001

4 Das Komma

– bei nachgestellten erläuternden Substantiven

Grundregel

Die sogenannte Apposition (Hauptwortbeifügung) wird durch ein Komma vom Bezugswort abgetrennt bzw. durch Kommas eingeschlossen.

- **Dies ist Peter, mein Vetter.**
  Ich möchte dich, meine beste Freundin, zum Geburtstag einladen.
- **Einer meiner Kollegen, Lukas Brand, ist Segelflieger.**
- **Mehrere Bundesländer, Bremen, Niedersachsen, Brandenburg und Nordrhein-Westfalen, beteiligen sich an dem Erfinderwettbewerb für Jugendliche.**
- **Die Donau, mit 2857 Kilometern nach der Wolga der zweitlängste Strom Europas, fließt durch zehn verschiedene Länder.**
- **Sie, meine Tante Leonie, feiert morgen ihren 80. Geburtstag.**
  Der Trainer spendierte uns allen, den Siegern im Kreisfinale, eine Pizza.

Wenn ein Eigenname einer Berufsbezeichnung oder einem Titel folgt, dann können die Kommas weggelassen werden.

- **Der neue Landrat [,] Klemens Berner [,] stammt aus dem Hunsrück.**
  Direktor Dr. Rainer Blattner wird das Unternehmen auch in den nächsten fünf Jahren leiten.
  Unser Hausarzt Dr. Rosenthal schließt seine Praxis zum Jahresende.

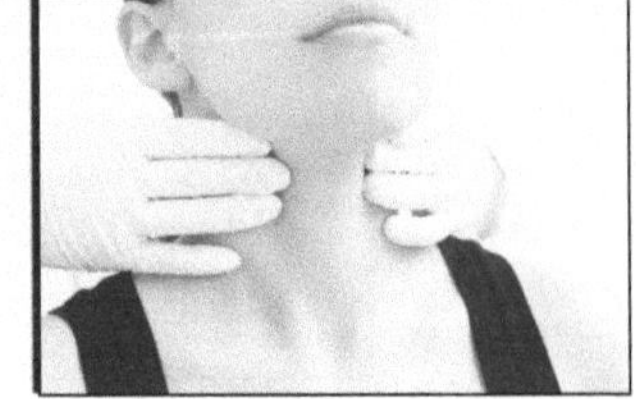

Vorsicht: In Einzelfällen kann es vorkommen, dass eine Aufzählung und eine Apposition miteinander verwechselt werden. An der Kommasetzung wird der Unterschied sichtbar:

- **Herr Schäfer, unser Nachbar und Herr Schwertfeger treffen sich einmal in der Woche zum Kartenspielen.** (Aufzählung – 3 Personen: Herr Schäfer, der Nachbar, dessen Namen nicht genannt wird, und Herr Schwertfeger)
- **Herr Schäfer, unser Nachbar, und Herr Schwertfeger treffen sich einmal in der Woche zum Kartenspielen.** (Apposition – 2 Personen: Herr Schäfer ist der Nachbar. Nur Herr Schwertfeger kommt noch dazu.)

Bei nachgestellten erläuternden Ergänzungen, die Teil des Namens sind, steht kein Komma:

- **Karl der Große, Iwan der Schreckliche, Wernher der Gärtner** (mittelalterlicher Dichter)
- **Heinrich VIII. (der Achte), Papst Benedikt XVI.**
- **Lucas Cranach der Ältere, Johann Strauss Sohn**

Aufgabe 3: *Setze die fehlenden Kommas.*

EA

- In München der Hauptstadt von Bayern steht das berühmte Hofbräuhaus.
  In Australien lebt der Dingo ein seit Langem verwilderter Haushund.
  Ich wünsche Ihnen lieber Herr Kühnle alles Gute zum Geburtstag!
- Ralf mein Freund und Christian gehen mit mir ins Kino. (2 Personen)
  Frau Mayer unsere Bürgermeisterin und Dr. Kornberger sind bei der Wahlversammlung anwesend. (3 Personen)

– bei nachgestellten Adjektiven und Partizipien

Nachgestellte Adjektive und Partizipien werden durch ein Komma vom übrigen Satz abgetrennt bzw. zwischen Kommas eingeschlossen:

- **Ich muss Ihnen etwas mitteilen, vertraulich.**
  Meine Schwester, die jüngere, kommt im Sommer in die Schule.
- **Das Ölgemälde, gereinigt und aufgefrischt, hängt nun in unserem Heimatmuseum.**

Bei bestimmten festen Fügungen entfällt das Komma:

- **Hänschen klein, Herr Kleinschmidt junior**
- **Riesling trocken, Forelle blau, Sherry dry**

Häufig kommen solche Fügungen im Zusammenhang mit Markennamen vor:

- **Cola light, Original Münchner hell, Hakle feucht, Asbach Uralt**

Gelegentlich kann der Schreiber selbst entscheiden, ob er ein Komma setzen möchte oder nicht:

- **Einige Gebäude [,] wie der Kindergarten, die Grundschule und das Feuerwehrhaus [,] müssen dringend renoviert werden.**
- **Unser Nachbar [,] Herr Sentürk [,] arbeitet im städtischen Bauhof.**

4 Das Komma

– bei Konjunktionen zwischen gleichrangigen Wörtern und Wortgruppen

Werden gleichrangige Wörter und Wortgruppen mit und oder oder verbunden, so steht kein Komma:

- **Ich kam und sah und siegte. (Ich kam, sah und siegte.)**
- **Der alte Bettler trank und trank und trank.**
- **Leonhard kaufte sich ein Moped und fuhr damit bis zum Bodensee.**

Das Gleiche gilt auch für Konjunktionen wie beziehungsweise (bzw.), sowie und wie, ferner für die zweiteiligen Bindewörter entweder – oder, sowohl – als auch, weder – noch. (Das gilt nur, wenn die Konjunktionen keine Nebensätze einleiten!)

- **Wenden Sie sich an eine unserer Filialen bzw. an die Hauptverwaltung im Stadtzentrum.**
  In unserem Laden erhalten Sie stets frisches Gemüse sowie Milch, Butter und Käse.
- **Ich kaufe mir entweder eine neue Sonnenbrille oder ein Paar modische Turnschuhe.**
  Fred ist sowohl in Potsdam als auch in Cottbus heimisch.
  Während der langen Fahrt haben wir weder etwas gegessen noch geschlafen.

– bei Vergleichswörtern *wie* und *als*

Vor den Vergleichswörtern wie und als steht kein Komma. Das gilt nicht, wenn sie einen Nebensatz einleiten:

- **Moritz ist so alt wie seine Kusine Melanie.**
  Melanie ist älter als ihr Bruder Lars.
- **Der dürre Baum sieht aus wie ein bedrohliches Märchenwesen.**
  Felix kommt viel häufiger zum Training als seine Klubkameraden Mario und Robert.

Vorsicht: Hier leiten *wie* und *als* Nebensätze ein. Folglich muss ein Komma stehen.

- **Die Schülerinnen und Schüler verhalten sich so, wie es sich gehört.**
  Der Baum ist höher, als ich es vermutet habe.

KOHL VERLAG ZEICHENSETZUNG – so geht's! Die Zeichensetzung verständlich erklärt – Bestell-Nr. 12 001

– bei entgegensetzenden bzw. einschränkenden Konjunktionen

Vor den Konjunktionen aber, sondern u. Ä. steht ein Komma:

- **Das Wetter ist mild, aber regnerisch.**
  Ich mag Waffeln, aber keinen Marmorkuchen.
  Mein Großvater war nicht Bäcker, sondern Konditor.
  Linda wohnt nicht in Speyer, sondern in Landau.
- **Wir erwarten einerseits einen anstrengenden Flug, andererseits aber unvergleichliche Ferienerlebnisse.**

EA

Aufgabe 4: *Komma oder kein Komma?*

- Ich kaufe die Kartoffeln im Gemüseladen ? bzw. beim Bauern draußen auf dem Dorf.
  Unser Bier wird gebraut ? wie vor 500 Jahren.
  Wir backen unser Brot ? wie meine Großeltern es schon gemacht haben.
- Elisabeth studiert entweder Biologie ? oder etwas völlig anderes.
  Entweder gibst du mir mein Taschenmesser zurück ? oder ich behalte deinen Kompass.
  Unser Computer wird sowohl von mir ? als auch von meinen Geschwistern Gisela und Tim benutzt.
  Entweder besuche ich dich am Freitagabend ? oder an einem der nächsten Wochenenden.
  Ich interessiere mich weder für deine Freundinnen ? noch für deine Geldsorgen.
  Herr Kilian will weder Bürgermeister werden ? noch strebt er das Amt des Landrats an.

KOHL VERLAG ZEICHENSETZUNG – so geht's! Die Zeichensetzung verständlich erklärt – Bestell-Nr. 12 001

4 Das Komma

– bei zwei oder mehr aneinandergereihten selbstständigen Sätzen

Es wird bisweilen verwendet, wenn die Sätze eng zusammengehören.

- **Ich bleibe hier sitzen, ich warte.**
  Manche schimpfen, andere freuen sich.
- **Wann kommt der Eilzug, wann fährt er weiter?**

Das Komma entfällt, wenn die beiden Hauptsätze durch und oder oder bzw. eine vergleichbare Konjunktion verbunden werden:

- **Es wird langsam dunkel und die Fledermäuse schwirren ums Haus.**
  Fahren wir nach Freiburg oder wandern wir auf den Feldberg?
  Gib mir den Hausschlüssel und komm, wenn du fertig bist.
- **Entweder rufst du mich an oder du schreibst gleich nach deiner Ankunft eine Postkarte.**
  Wir haben weder Hunger noch ist es uns zu kalt.

Man kann bei Sätzen, die durch und oder oder bzw. ähnlichen Konjunktionen verbunden sind, ein Komma setzen, wenn man den Gesamtsatz überschaubarer machen und Missverständnisse vermeiden will:

- **Herr Link kennt jeden seiner Mitarbeiter persönlich [,] und damit leistet er einen Beitrag zu einem angenehmen und familiären Betriebsklima.**
- **Das Haus war fertig [,] und nun nutzten die Maurer und Zimmerleute, die so fleißig gearbeitet hatten, die Gelegenheit, kräftig zu feiern.**
- **Peter und ich waren früher sehr gute Freunde [,] oder hast du das schon vergessen?**
- **Mirko kümmert sich den ganzen Abend um Sabine [,] und Denise ist fürchterlich eifersüchtig.**

– bei eingeschobenen Hauptsätzen

- **Die alte Mühle, längst arbeitete sie nicht mehr, wurde vom Heimatverein renoviert.**

Hier können auch Gedankenstriche oder Klammern verwendet werden:

Die alte Mühle – längst arbeitet sie nicht mehr – wurde vom Heimatverein renoviert.

Die alte Mühle (längst arbeitet sie nicht mehr) wurde vom Heimatverein renoviert.

Wird ein Satz durch und oder oder mit einem verkürzten Satz verbunden, so steht kein Komma:

- **Die Ritter verbarrikadierten sich in ihrer Burg und (sie) warteten auf den Feind.**
  Wir gehen ins Freibad oder (wir) wandern auf den Feldberg.

KOHL VERLAG
ZEICHENSETZUNG – so geht's!
Die Zeichensetzung verständlich erklärt – Bestell-Nr. 12 001

4 Das Komma

– zwischen Haupt- und Nebensatz

Grundregel

Haupt- und Nebensatz bzw. Nebensätze werden durch Komma voneinander getrennt.
Die Nebensätze sind oft an einer unterordnenden Konjunktion erkennbar.

- **Wir gingen ins Haus, <u>als</u> es kühl wurde.**
  Der Blumenladen ist geschlossen, <u>weil</u> er gerade umgebaut wird.
  Die Wanderer machten sich auf den Weg, <u>ehe</u> es unerträglich heiß wurde.
  Die italienische Fußballmannschaft gewann das Spiel, <u>obwohl</u> der Gegner taktisch überlegen war.
- **<u>Nachdem</u> die Umgehungsstraße fertiggestellt worden war, wurde es in der Innenstadt ruhiger.**
  <u>Falls</u> Ines nach Pfingsten zwei Tage Urlaub bekommt, fahren Karl und seine Verlobte in den Thüringer Wald.

Nebensätze können auch durch Relativpronomen (bezügliche Fürwörter) oder Interrogativpronomen (Fragefürwörter) eingeleitet werden:

- **Der Ring, <u>den</u> Sonja gefunden hat, ist 200 Euro wert.**
  Die Forscher, <u>deren</u> Ausrüstung gestohlen worden war, machten sich auf den Rückweg.
- **Kannst du mir sagen, <u>welches</u> Buch du lesen möchtest?**
  Das ist die Stelle, <u>wo</u> ich den Steinpilz gefunden habe.
- **<u>Wer</u> anderen eine Grube gräbt, fällt selbst hinein.**
  Maja verrät nicht, <u>mit wem</u> sie sich jeden Abend trifft.
- **Ich frage mich, <u>warum</u> du dauernd störst.**
  Weiß jemand, <u>wer</u> zuletzt die Schlagbohrmaschine benützt hat?

Bisweilen werden Nebensätze ohne Konjunktionen an den Hauptsatz angefügt:

- **Mein Vetter schrieb aus Kanada, <u>es gehe ihm gut</u>.**
  (Mein Vetter schrieb aus Kanada, dass es ihm gut gehe.)
  Herr Billig erzählt überall, <u>er habe im Lotto gewonnen</u>.
  (Herr Billig erzählt überall, dass er im Lotto gewonnen habe.)
  <u>Hast du Zeit</u>, dann gehen wir gemeinsam zum Baden.
  (Wenn du Zeit hast, dann gehen wir gemeinsam zum Baden.)

Ein Komma steht auch, wenn der Hauptsatz verkürzt wurde:

- **Unmöglich, dass ich noch heute mit der Arbeit fertig werde.**
  (Es ist unmöglich, dass ich noch heute mit der Arbeit fertig werde.)
  Besser, wir machen uns rasch aus dem Staube.
- **Auch heute kommt Leo zu spät. Wie jedes Mal, wenn wir uns verabredet haben.**

Nebensätze können am Anfang oder am Ende eines Gesamtsatzes stehen:

- **<u>Als der Film zu Ende war</u>, machten wir uns rasch auf den Heimweg.**
- **Ich mache am Freitag Urlaub, <u>falls mein Chef damit einverstanden ist</u>.**

Eingeschobene Nebensätze werden durch Kommas vom übrigen Satz getrennt.
Das zweite Komma nicht vergessen!

- **Mein Großvater feierte, <u>als er achtzig wurde</u>, ein riesiges Fest.**
  Die Polizei vermutete, <u>dass sich der Einbrecher immer noch in der Nähe des Tatorts aufhielt</u>, und begann eine intensive Suche.

4 Das Komma

EA

Aufgabe 5: *Setze die fehlenden Kommas.*

- Als es zu regnen begann gingen wir ins Haus.
  Als der Krieg zu Ende war begann der Wiederaufbau des verwüsteten Landes.
- Ich weiß wie du darüber denkst.
  Gaby hat von ihrer Mutter gelernt wie man Marmorkuchen backt.
- Wer lügt der stiehlt.
  Wem Gott will rechte Gunst erweisen den schickt er in die weite Welt.
- Der Löwe der aus dem Zirkus entlaufen war wurde von der Polizei wieder eingefangen.
  Wir treffen uns wenn es dunkel geworden ist am Bahnhof und fahren gemeinsam nach Hause.
  Lutz schreibt in seinem Brief dass er sich in Schwerin wohlfühlt und lädt uns zu einem Besuch ein.

– bei zwei und mehr Nebensätzen

Bisweilen werden mehrere Nebensätze aneinandergereiht. Sie werden durch ein Komma voneinander getrennt:

- **Der Angeklagte beteuerte, er wolle Geld verdienen, er werde den Schaden wieder gutmachen.**
- **Der Fahrer trat hart auf die Bremse, obwohl mehrere Fahrzeuge unmittelbar hinter ihm fuhren, als plötzlich ein Fuchs die Straße überquerte.**

Das Komma steht nicht, wenn gleichrangige Nebensätze durch und oder oder verbunden werden:

- **Der Betriebsausflug wird verschoben, weil der Chef überraschend krank geworden ist und weil schlechtes Wetter vorausgesagt wurde.**
  Das Feuerwerk beginnt, sobald es dunkel geworden ist und wenn vom Berg her ein Trompetensignal ertönt.
  Nick mäht den Rasen, wenn er aus der Schule kommt oder bevor er sich für das Volleyballtraining umzieht.

Das gilt auch für Verbindungen mit beziehungsweise, entweder – oder, weder – noch, sowohl als auch u. Ä.:

- **Der Flohmarkt findet nicht statt, weil zu wenige Spenden eingegangen sind bzw. weil das Wetter zu unsicher ist.**
- **Entweder wenn du mir 700 Euro zahlst oder wenn du mir ein paar Tage lang bei der Ernte hilfst, gebe ich dir meinen alten VW.**

– bei Nebensätzen verschiedenen Grades

Nebensätze verschiedenen Grades werden durch Komma voneinander getrennt:
- **Der Forscher erschrak, als er einen Löwen erspähte, der immer näher kam.** (Der zweite Nebensatz ist vom ersten abhängig: Löwe → der)

Weil der Omnibus, mit dem wir gekommen waren, einen Motorschaden hatte, mussten wir mit der Eisenbahn weiterfahren. (Omnibus → mit dem)

EA

Aufgabe 6: *Komma oder kein Komma zwischen den Nebensätzen?*

- Philipp ging nach Hause, als es schneite ? weil er fror.
  Wir verlassen die Jugendherberge, wenn die Sonne aufgeht ? obwohl wir wenig geschlafen haben.
- Das Haus brannte nieder, weil ein Blitz eingeschlagen hatte ? und weil die Feuerwehr zu spät eintraf.
  Ich erwarte einen Brief von dir, wenn du die Gesellenprüfung bestanden hast ? und weil ich Genaueres darüber erfahren möchte.
- Julian trat aus dem Baseballklub aus, weil er sich über den Vorsitzenden ? mit dem er seit Langem befreundet gewesen war ? geärgert hatte.
  Morgen fährt Herr Storm nach Flensburg, obwohl seine Eltern ? die dort gewohnt haben ? längst nicht mehr leben.
- Ich verkaufe dir mein Fahrrad, das sich ? obwohl es bereits zwei Jahre alt ist ? in einem sehr guten Zustand befindet.

KOHL VERLAG ZEICHENSETZUNG – so geht's! Die Zeichensetzung verständlich erklärt – Bestell-Nr. 12 001

4 Das Komma

– bei Infinitivgruppen

Grundregel

Eine Infinitivgruppe besteht aus der Grundform eines Verbs (gehen, faulenzen, erforschen), der Präposition zu und ggf. weiteren Ergänzungen (zu singen, um zu vergessen, gemütlich miteinander zu plaudern). Grammatisch betrachtet steht sie zwischen einem einzelnen Satzteil und einem Nebensatz.

- **Zu segeln macht mir Spaß.** (Subjekt)
- **Frau Gräber kauft Weizenmehl, um einen Kuchen zu backen.** (Frau Gräber kauft Weizenmehl, weil sie einen Kuchen backen will. – kausaler Nebensatz)

Beim reinen Infinitiv (ohne zu) steht kein Komma:

- **Wir gehen schlafen. Am Abend will Sebastian grillen. Lasset uns beten!**

– bei Infinitivgruppen mit *zu*

Die Infinitivgruppe kann durch Komma vom übrigen Satz abgetrennt werden, um das Verständnis des Gesamtsatzes zu erleichtern.
Verpflichtend ist das Komma aber nicht:

- **Ich weigere mich [,] zu zahlen. Ich weigere mich [,] nochmals zu zahlen.**
  Ich weigere mich [,] nochmals 5 Euro zu zahlen.
- **Täglich spazieren zu gehen [,] ist gesund.**
  Anderen zu helfen [,] macht glücklich.

Das Komma sollte immer dann gesetzt werden, wenn es dazu beiträgt, Missverständnisse zu vermeiden:

- **Ich verspreche dir, zu schreiben. – Ich verspreche, dir zu schreiben.**
  Inge bat mich, zu fragen. – Inge bat, mich zu fragen.
  Hans versprach nicht, zu kommen. – Hans versprach, nicht zu kommen.

Je umfangreicher die Infinitivgruppe ist, desto sinnvoller ist es, den Satz durch ein Komma zu gliedern:

- **Der Kapitän befahl, die Segel zu setzen und Kurs auf die nächste Insel zu nehmen.**
  Wir hoffen, Sie bei unserer Jahresversammlung im März wieder einmal begrüßen zu können.

ZEICHENSETZUNG – so geht's! Die Zeichensetzung verständlich erklärt – Bestell-Nr. 12 001
KOHL VERLAG

– bei Infinitivgruppen mit *um zu, ohne zu, als zu, anstatt (statt) zu* und *außer zu*

Grundregel

Infinitivgruppen mit *um zu, ohne zu, als zu, anstatt (statt) zu* und *außer zu* werden mit einem Komma vom übrigen Satz abgetrennt.

- **Der Wanderer setzte sich auf eine Bank, um auszuruhen.**
  Kolumbus stach in See, um nach Indien zu segeln.
  Hans kaufte das Handy, ohne zu zögern.
  Es gibt noch andere Möglichkeiten, als nur herumzunörgeln.
  Unsere Freunde fuhren einfach weiter, anstatt zu warten.
  Was bleibt uns anderes übrig, außer zu bezahlen!
- **Um für den Winter gerüstet zu sein, kaufe ich mir ein Paar Lederstiefel.**
  Ohne lange zu fragen, aß Lilly die Schokolade.

– bei Infinitiven, die sich auf ein vorausgehendes oder nachfolgendes Subjektiv beziehen

Grundregel

Infinitive, die sich auf ein vorausgehendes oder nachfolgendes Substantiv beziehen, werden durch ein Komma bzw. durch Kommas vom übrigen Satz abgetrennt.

- **Alfred Wegener hatte die <u>Absicht</u>, Grönland zu durchqueren.**
  Diana hat den <u>Wunsch</u>, Stewardess zu werden.
  Der <u>Versuch</u>, Versandkosten zu sparen, hat sich als sehr erfolgreich erwiesen. (eingeschobener Infinitiv zwischen zwei Kommas)

KOHL VERLAG ZEICHENSETZUNG – so geht's! Die Zeichensetzung verständlich erklärt – Bestell-Nr. 12 001

4 Das Komma

– bei Infinitiven, auf die ein vorausgehendes oder nachfolgendes Wort besonders hingedeutet wird

Grundregel

Infinitive und Infinitivgruppen, auf die durch ein vorausgehendes oder nachfolgendes Wort besonders hingedeutet wird, werden durch ein Komma bzw. durch Kommas vom übrigen Satz abgetrennt.

- **Wir lieben es, zu faulenzen.**
  Der Arbeitslose hoffte darauf, endlich wieder eine Beschäftigung zu finden.
- **Ins Eiscafé zu gehen, das kommt heute nicht infrage.**
  Endlich Abteilungsleiterin zu werden, darauf hofft Frau Emsig.
- **Herr Lindemann hofft darauf, endlich Filialleiter zu werden, und spart schon für ein kleines Häuschen im Grünen.**

Bei ausschließlich mit zu erweiterten Infinitiven darf das Komma fehlen, wenn keine Missverständnisse zu befürchten sind:

- **Herr Baumeister hat den Wunsch [,] zu verreisen.**
- **Emilia liebt es [,] zu malen.**

– Ausnahmen

Nach den Verben *brauchen*, *pflegen* und *scheinen* steht in der Regel kein Komma vor einer nachfolgenden Infinitivgruppe. Sie bilden mit dem Infinitiv ein zusammengesetztes Prädikat. (Beim Lesen dieser Sätze ist festzustellen, dass ein Komma hier stören würde.)

- **Auf dem Weg zum Stadion brauchen wir uns nicht zu beeilen.**
- **Der Landrat pflegt an jedem Montagmorgen eine kurze Dienstbesprechung abzuhalten.**
- **Der neu gepflanzte Fliederbusch scheint gut anzuwachsen.**

Auch bei anderen Verben ist es oft geboten, auf das Komma zu verzichten. Hier hilft ggf. die Hörprobe weiter:

- **Klaus verspricht ein guter Familienvater zu werden.**
  (aber: Klaus verspricht [,] heute zu kommen.)
- **Unsere Bergwanderung droht wegen des schlechten Wetters zu scheitern.**
  (aber: Der Wirt drohte dem Gast, ihn an die Luft zu setzen.)
- **Die Feuerwehr vermochte dem Verunglückten nicht zu helfen.**
- **Die Profispieler versuchen ihre Muskeln und Gelenke zu trainieren.**
  (aber: Ich versuche es, ein besserer Mensch zu werden.)

4 Das Komma

– bei eingeschobenen Infinitivgruppen

Eingeschobene Infinitivgruppen werden von zwei Kommas eingeschlossen (wenn Kommas gesetzt werden):

- **Der Gemeinderat beschloss, endlich eine Umgehungsstraße in Auftrag zu geben, und bewilligte die erforderlichen Haushaltsmittel.**
  Wir kauften Sonnenblumenkerne, um in unserem Garten die Vögel zu füttern, und stellten eine Vogeltränke auf die Terrasse.

EA

Aufgabe 7: *Setze Kommas, wo es vorgeschrieben oder sinnvoll ist:*

- Mirjam versprach zu kommen.
  Der FC Ballhausen hoffte zu gewinnen.
  Zu verbessern gibt es so manches.
  Zu trinken gibt's heißen Tee.

- Der Arzt rät auf Kaffee zu verzichten.
  Gerd versprach mir einen Krimi zu schenken.
  Im Urlaub zu meinen Großeltern zu fahren gefällt mir nicht.
  Mit der Seilbahn zu fahren macht großen Spaß.

- Die Bauern verließen den Hunsrück um nach Amerika auszuwandern.
  Nick bummelte durch die Straßen anstatt in die Schule zu gehen.
  Ohne ein Wort zu sagen verließ der Gast das Lokal.

- Lisa hofft darauf eine Handtasche zu gewinnen.
  Ich genieße es von meiner Patentante verwöhnt zu werden.
  Es dauert nur zehn Minuten den Bahnhof zu erreichen.

- Frau Kiesewetter hat die Absicht unsere Schule zu verlassen.
  Ich danke für ihr Entgegenkommen uns seinen Rabatt von drei Prozent einzuräumen.
  Peter auf der Party am Samstag zu treffen darauf hoffe ich.

- Wir wandern zu Fuß nach Waldheim um das Geld für den Bus zu sparen und gehen dort ins Kino.

- Bauer Kühl beabsichtigt ein Dutzend Kälber zu kaufen und fährt zum Viehmarkt nach Hausen.

4 Das Komma

– bei mit dem umgebenden Satz verschränkten Infinitivgruppen

Das Komma steht nicht, wenn die Infinitivgruppe mit dem umgebenden Satz verschränkt ist. Das wird auch beim lauten Lesen hörbar:

- **Ich habe einen längeren Brief zu schreiben begonnen.**
  Sicher wird Karin die Blumen zu gießen vergessen haben.

Das ist auch der Fall, wenn der Infinitiv von den Hilfsverben sein und haben abhängt:

- **Der Vorsprung der anderen Wanderer ist nicht mehr einzuholen.**
  Ihren Äußerungen habe ich nichts Weiteres hinzuzufügen.

– bei Partizipgruppen

Das Partizip oder Mittelwort nimmt eine Zwischenstellung zwischen dem Verb und dem Adjektiv ein. Eine Partizipgruppe entsteht, wenn das Partizip durch ein Wort oder durch mehrere Wörter erweitert wird.

- **fröhlich singend, vor Wut kochend, mit einem Füllfederhalter schreibend**
- **frisch gestrichen, gut gelaunt, kräftig gewürzt, unheilbar zerstritten**

Grammatisch betrachtet steht die Partizipialgruppe zwischen einem einzelnen Satzteil und einem Nebensatz:

- **Laut schreiend lief die kleine Gülsum ins Haus.** (Mit Geschrei lief die kleine Gülsum ins Haus. – adverbiale Bestimmung der Art und Weise: wie?)
- **Von der langen Wanderung ermüdet (,) legten wir uns ins frische Gras.** (Weil wir von der langen Wanderung ermüdet waren, legten wir uns ins frische Gras. – kausaler Nebensatz: weil)

– bei Partizipien ohne Erweiterung

Bei Partizipien ohne Erweiterung steht in der Regel kein Komma:

- **Robinson erreichte schwimmend das Ufer.**
  Betend verweilten die Pilger unter dem Kreuz.

KOHL VERLAG ZEICHENSETZUNG – so geht's! Die Zeichensetzung verständlich erklärt – Bestell-Nr. 12 001

4 Das Komma

– bei Partizipien mit Erweiterung

Grundregel

Partizipgruppen können durch Kommas vom übrigen Satz abgetrennt werden, um den Satz insgesamt verständlicher zu machen oder um Missverständnisse zu vermeiden.

- **Die Gäste verließen [,] leicht schwankend [,] am späten Abend das Lokal.**
  Der Cowboy rutschte [,] von einer Kugel der Banditen getroffen [,] leblos aus dem Sattel.
- **Ihrem Angebot folgend [,] bestelle ich heute den neuen Kühlschrank.**
  Von seinem Lateinlehrer gelobt [,] fühlte sich Klemens wie ein Klassenprimus.

Ähnliches gilt auch für andere Wortgruppen, die als verkürzte Sätze verstanden werden können:

- **Susi kam [,] beide Hände voller Mirabellen [,] zurück ins Haus**
  Rainer beobachte [,] aufgeregt und ängstlich [,] die zuckenden Blitze.

Bei nur einer näheren Bestimmung des Partizips wird zumeist kein Komma gesetzt. Bei umfangreicheren Bestimmungen ist das Komma dringend zu empfehlen, weil so der Gesamtsatz übersichtlicher wird:

- **Verlegen hustend eröffnete der Gemeinderatskandidat seine Vorstellung.**
- **Die versammelten Einwohner von Walldorf und die anwesende Prominenz um freundliche Aufmerksamkeit bittend [,] eröffnete der Gemeinderatskandidat seine Vorstellung.**

– bei Wörtern und Wortgruppen, die auf das Partizip hindeuten

Grundregel

Das Komma muss stehen, wenn mit einem Wort oder einer Wortgruppe auf die Partizipgruppe hingewiesen wird.

- **Ich finde die Suppe <u>so</u>, mit etwas Knoblauch gewürzt, besonders schmackhaft.**
  Völlig überrascht, <u>so</u> stand meine Mutter am Morgen vor ihrem Gabentisch.
- **Das <u>Foto</u>, schon ein wenig abgeschabt und vergilbt, zeigt meine verstorbene Großmutter Valentine.**

4 Das Komma

– bei nachgestellten Partizipgruppen

Nachgestellte Partizipgruppen werden zumeist durch Kommas abgegrenzt bzw. eingeschlossen:

- **Frau Heinzmann schlug uns die Tür vor der Nase zu, sichtlich verärgert.**
- **Herr Peters, sichtlich erfreut, lud uns auf einen Kaffee ein.**

EA

Aufgabe 8: *Setzte die Kommas, wo sie vorgeschrieben oder sinnvoll sind:*

- Emilia verließ zitternd die Geisterbahn.
  Erschöpft ließen sich die Wanderer ins Gras fallen.
- Vom langen Warten entnervt machten wir uns auf den Heimweg.
  Von dem geringen Publikumsinteresse enttäuscht beendete der Veranstalter die Gemäldeaustellung vorzeitig.
- Diese Rose zartrosa und duftend bereitet uns viel Freude.

– bei Anreden

Anreden werden durch ein Komma vom übrigen Satz getrennt.

- **Walter, gib mir den Hobel.**
  Meine Herren, ich heiße Sie ganz herzlich willkommen.
- **Das, liebe Frau Kühn, ist unsere neue Frühjahrskollektion.**
  Und nun, Laura, kommt die Überraschung!
- **Hast du noch einen Apfel für mich, Udo?**
  So geht das nicht, mein lieber Freund!
- **Ihr da, hört gefälligst zu!**
- **im Brief:**
  Sehr geehrter Herr Pfarrer Klein,
  heute übersende ich Ihnen eine erste Skizze für das geplante Gemeindehaus ...

(Nach dem Komma wird klein weitergeschrieben. – Statt des Kommas kann auch ein Ausrufezeichen stehen. Allerdings ist diese Schreibung selten geworden: Sehr geehrter Herr Pfarrer Klein! Heute übersende ich Ihnen eine erste Skizze für das geplante Gemeindehaus ... In diesem Fall wird nach dem Ausrufezeichen großgeschrieben.)

ZEICHENSETZUNG – so geht's! Die Zeichensetzung verständlich erklärt – Bestell-Nr. 12 001
KOHL VERLAG

4 Das Komma

– bei Grußformeln

Bei Anreden der folgenden Art in Briefen steht vor dem Namen ein Komma:

– **Grüß Gott, Frau Lindner ...**
  Guten Morgen, Herr Mühlbauer ...

Heute wird das Komma bei einer etwas salopperen Schreibweise oft weggelassen:

– **Hallo [,] Jungs, wir treffen uns am Freitagabend um 20 Uhr im Café Belvedere.**
  Guten Morgen [,] Herr Schulze, gern kommen wir auf Ihr Angebot zurück ...

– bei Ausrufen, Bejahungen und Verneinungen

– **Guten Morgen, da bin ich!**
  Verzeihung, ich bin aufgehalten worden.

Das Wort bitte steht meist ohne Komma, es sei denn, dass es besonders herausgehoben und betont wird:

– **Bitte geben Sie mir noch 100 Gramm Leberwurst.**
  Was sagten Sie bitte?

– **Bitte, nur du kannst mir helfen!**
  Bitte, bitte, gib mir den Ball!

Ausrufe werden durch ein Komma vom übrigen Satz getrennt:

– **Oh, das tut weh!**
  Hallo, bist du zu Hause?
  Halt, wir müssen warten.

– **Das gehört sich nicht, pfui!**
  Seid bitte ganze leise, pst!

– **Ja, Lima ist die Hauptstadt von Peru.**
  Nein, Herr Antonescu hat keinen Führerschein.

– bei kommentierenden Äußerungen

Kommentierende Aussagen und Bekräftigungen werden durch Kommas vom übrigen Satz abgetrennt, wenn sie besonders hervorgehoben werden:

– **Ich mache [,] nur diesmal[,] eine Ausnahme.**
  Man kann sich [,] leider [,] nicht auf den Briefträger verlassen.

– bei Datumsangaben

Mehrgliedrige Datums- und Zeitangaben werden durch Kommas geordnet.

- **Die Fahrradtour startet am Samstag, dem 8. Juli.**
  Die Matinee beginnt am Sonntag, dem 12. Oktober, um 11 Uhr im Stadttheater.

Da die Datumsangaben grammatisch unterschiedlich zu deuten sind, nämlich als Aufzählung oder als Apposition, kann das abschließende Komma gesetzt, muss aber nicht gesetzt werden:

- **Susanne und ich heiraten am Samstag, dem 7. November [,] in Goslar.**
- **Unser Flugzeug startet am Montag, dem 9. Februar, um 9 Uhr 43 [,] auf dem Frankfurter Flughafen.**
- **Unser Flugzeug startet am Montag, dem 9. Februar [,] um 9.43 Uhr auf dem Frankfurter Flughafen.**

Im Briefkopf werden die Orts- und die Datumsangabe durch ein Komma getrennt:

- **Neubrandenburg, 11. Januar 2017**
  Köln, den 04.09.2017
  Bad Sassendorf, im August 2015

Häufig wird heute bereits die internationale Norm verwendet:
16-04-07 oder: 2016-04-07 (Jahr-Monat-Tag)

KOHL VERLAG ZEICHENSETZUNG – so geht's! Die Zeichensetzung verständlich erklärt – Bestell-Nr. 12 001

4 Das Komma

– bei Wohnungsangaben

Mehrteilige Wohnungsangaben werden durch Kommas gegliedert.

- **Mein Onkel Rudolf wohnt in Celle, Badweg 35.**
  (kein Komma: Tante Gerda wohnt in Plauen in der Kleibergasse 7a.)
- **Bitte liefern Sie den Schuhschrank in meine Studentenwohnung in Köln, Hibiskusweg 12, 3. Etage [,] am kommenden Donnerstag.**

Bei Anschriften auf Briefen und Briefumschlägen sowie Ähnlichem steht kein Komma:

- **Frau**
  Therese Maurer
  Frankenstraße 3
  38239 Salzgitter
- **Herrn**
  Dr. Guido Minetti
  Rechtsanwalt
  Rainer-Maria-Rilke-Platz 23
  58507 Lüdenscheid

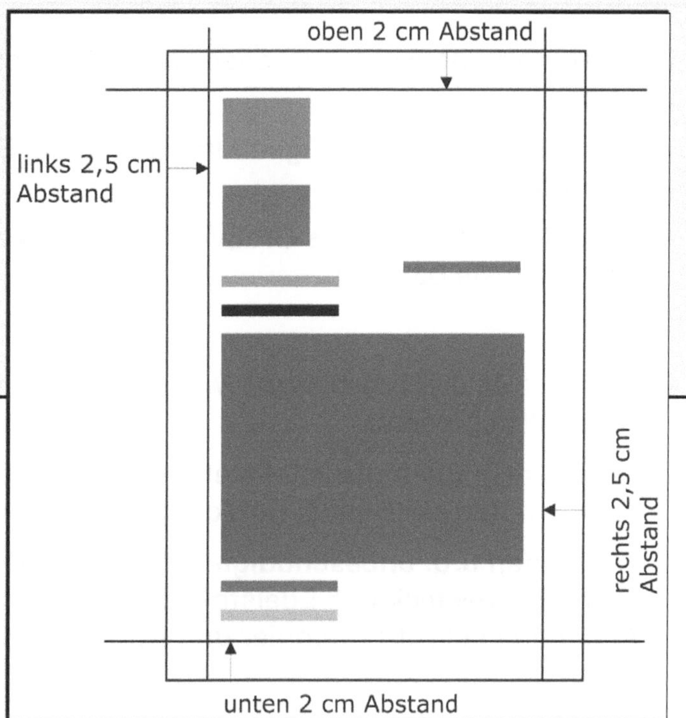

– bei Literaturangaben

Auch Literaturangaben werden durch Kommas gegliedert. Allerdings gibt es hier immer wieder individuelle Abweichungen. Wichtig ist, dass die gemeinte Textstelle eindeutig zu identifizieren ist und so leicht wiedergefunden werden kann:

- **Günther Stökl, Russische Geschichte, 2. Aufl., Kröner-Verlag, Stuttgart 1965, S. 502ff.**
  Günther Stökl: Russische Geschichte ...
- **Damals, Das Magazin für Geschichte, Verlag Konradin-Medien, Heft 5/2014, S.32**
- **Heilbronner Stimme, 5.12.2016, S. 21**
- **Die Ringparabel steht in Gotthold Ephraim Lessings dramatischem Gedicht „Nathan der Weise“, und zwar im 3. Aufzug, 7. Auftritt.**

Bei Stellenbelegen aus Gesetzen oder gesetzesähnlichen Texten steht kein Komma:

- **Art. 5 Abs. 1 Satz 2 GG – Die genaue Formulierung findet sich im Grundgesetz für die Bundesrepublik Deutschland in Art. 5 Abs. 1 Satz 2.**

5 Das Semikolon

Grundregel

Das Semikolon (Strichpunkt) kann zwischen Sätzen und Wortgruppen stehen, wenn sie nach Auffassung des Schreibers durch den Punkt zu stark und durch das Komma zu schwach getrennt werden.

Das Semikolon ist in geschriebenen und gedruckten Texten inzwischen selten geworden.

- **Ich verbrachte meine Jugend im Harz; mein Bruder Karl wuchs in Erfurt auf.**
- **Die goldene Uhr meines Großvaters ist ein Vermögen wert; dennoch werde ich sie behalten.**

Das Semikolon dient auch dazu, Wortgruppen nach ihrer jeweiligen Zusammengehörigkeit zu gliedern:

- **Auf meinem Einkaufszettel stehen Reis, Spaghetti und Gnocchi; Paprika, Tomaten und ein Bündel Rettiche; Salz, weißer Pfeffer und Currypulver.**
- **Wir kaufen u. a. unbeschädigtes Porzellan, Gläser und Glasgeschirr sowie Essbesteck aus Edelstahl oder Silber; Eisen-, Kupfer- und Aluminiumschrott; Altpapier und Kartonagen.**

KOHL VERLAG ZEICHENSETZUNG – so geht's! Die Zeichensetzung verständlich erklärt – Bestell-Nr. 12 001

6 Der Doppelpunkt

Grundregel

Der Doppelpunkt deutet auf Nachfolgendes voraus. Er veranlasst den Leser zu einer kurzen Pause und weckt sein Interesse.

– bei wörtlichen wiedergegebenen Äußerungen und Textbelegen

- **Der Zugführer rief: „Bitte die Türen schließen! Der Zug fährt ab."**
  Der Polizist fragte: „Haben Sie den Ladendieb gesehen?"
- **Der Förster flüsterte beschwörend: „Pst!"**
  Melda fragte: „Wann?"
- **In der Zeitung steht: „Heizöl wird teurer."**
  Unser Korrespondent in London schrieb: „Die Börsenmakler erwarten steigende Aktienkurse."

– bei Vorausdeutungen auf Aufzählungen, herausgehobenen näheren Erläuterungen sowie Titel von Büchern, Gedichten u. Ä.

- **Auf dem Hof meines Großvaters gab es noch viele Tiere: Kühe und Pferde, Ziegen und Schweine, Hühner und Enten, sogar einen Pfau und einen Esel.**
  Folgende Kolleginnen und Kollegen sind für das Berufsforum eingeteilt: Frau Born, Herr Strohmann, Herr Schröder und Frau Munz.
  Der Stoff ist verschiedenfarbig lieferbar: weiß und gelb, lindgrün und dunkelbau, anthrazitfarben und schwarz.
- **Unser Motto lautet: Gemeinsam sind wir stark!**
  Ich frage mich: Was willst du eigentlich erreichen?
- **Höchsttemperatur: 26° Celsius, Dirigent: Carlos Kleiber, Biologie: befriedigend, Hausnummer: Bachstraße 11, religiöses Bekenntnis: altkatholisch, Schuhgröße: 43**
  (aber: Der Dirigent Carlos Kleiber leitete das Sinfonieorchester.
  Unser Moritz hat die Schuhgröße 43.)
- **Karl May: „Durchs wilde Kurdistan", Theodor Fontane: „Archibald Douglas", Wolfgang Amadeus Mozart: „Eine kleine Nachtmusik", Heilbronner Stimme: „Gesund durch den Winter"**
  (auch: Friedrich von Schiller: Maria Stuart, Giuseppe Verdi: Aida)

6 Der Doppelpunkt

– bei Vorausdeutungen auf zusammenfassende Formulierungen

- **Die Theateraufführung unseres Volleyballvereins war lustig und abwechslungsreich: einfach toll.**
- **Unser Nachbar benachrichtigte die Polizei, schrieb einen Brief an das Bürgermeisteramt und verständigte die Redaktion der Lokalzeitung: Niemand konnte helfen.**

– bei Zeitangaben

Bei Uhrzeiten können die Stunden, Minuten und Sekunden durch Punkte voneinander getrennt werden:

- **Es ist genau 21.15 Uhr.**
  Die Explosion erfolgte exakt um 8.24.37 Uhr.

Heute werden die Uhrzeit und die Zeitdauer sehr oft schon mit Doppelpunkt geschrieben (DIN 5008 für den Büro- und Verwaltungsbereich). Stunden, Minuten und Sekunden sind jeweils zweistellig anzugeben:

- **14:20 Uhr, 11:30.09 Uhr, 08:05:12 Uhr**
- **Der Franzose Charles Dubois brauchte für die gesamte Strecke 4:15:22 Stunden. (4 Stunden, 15 Minuten, 22 Sekunden)**

– bei Zahlenverhältnissen

- **Das Endergebnis des Fußballspiels lautete 3:2.**
  Ich habe unsere 0:2-Niederlage noch immer nicht verdaut.
- **Die Umgestaltung des Freibads zu einem Wellnessbad wurde mit einem prozentualen Stimmenverhältnis von 62:38 abgelehnt.**
  Diese Wanderkarte hat den Maßstab 1:50 000.

ZEICHENSETZUNG – so geht's!
Die Zeichensetzung verständlich erklärt – Bestell-Nr. 12 001
KOHL VERLAG

6 Der Doppelpunkt

– Groß- und Kleinschreibung nach dem Doppelpunkt

Grundsätzlich wird das erste Wort der wörtlichen Rede nach dem Doppelpunkt groß geschrieben.

- **Die Marktfrau beteuerte: „Diese Erdbeeren sind erst heute Morgen gepflückt worden."**
- **Auf meine Frage, wann sie telefonisch zu erreichen sei, antwortete Sarah: „Nur noch heute Morgen."**

Grundregel

Großgeschrieben wird in anderen Satzverbindungen, wenn nach dem Doppelpunkt ein vollständiger Satz folgt.

- **Das war für mich eine ganz besondere Überraschung: An meinem Geburtstag besuchte mich mein ehemaliger Feuerwehrkommandant.**

Grundregel

Kleingeschrieben wird, wenn nach dem Doppelpunkt Einzelwörter oder Wortgruppen, die keine vollständigen Sätze sind, stehen.

- **Der Goudakäse wird in drei Reifegraden angeboten: jung, mittelalt und alt.**
- **Die Polizei konnte folgende gestohlenen Gegenstände sicherstellen: eine goldene Halskette, eine wertvolle Schweizer Armbanduhr, einen Altarleuchter aus purem Silber und ein Ölgemälde von Max Slevogt.**

6 Der Doppelpunkt

EA

Aufgabe 1: *Groß oder klein nach dem Doppelpunkt?*

Für mich war augenblicklich klar: (s)ie hatte gelogen!

Mein Bruder Leo sammelt alles Mögliche: (g)estempelte Briefmarken und alte Münzen, Muscheln und bunte Steine.

Ein paar Zutaten muss ich für den Kuchen noch einkaufen: (e)in Pfund Weizenmehl und Hefe, hundert Gramm Rosinen und ein Päckchen Zitronat.

Der Elektriker fand den Fehler: (e)ines der Stromkabel war durchgeschmort.

Es gibt zwei Möglichkeiten: (e)ntweder übernachten wir in Ulm, oder wir fahren gleich nach Innsbruck weiter.

Drei Freiwillige haben sich gemeldet: (m)ein Vetter Florian, Gerda Kümmel und mein Freund Holger.

ZEICHENSETZUNG – so geht's! Die Zeichensetzung verständlich erklärt – Bestell-Nr. 12 001
KOHL VERLAG

7 Die Anführungszeichen

Grundregel

Anführungszeichen dienen dazu, eine wörtliche Rede zu kennzeichnen. Darüber hinaus heben sie Einzelwörter, Wortgruppen und ganze Sätze optisch in einem Text hervor.

- **Der Angeklagte sagte: „Ich habe das Fahrrad nicht gestohlen."**
  „Unsere Anni ist ein Schatz", schwärmte Frau Kolbe.

Auch nur Gedachtes steht zwischen Anführungszeichen, wenn es wörtlich wiedergegeben wird:

- **Der Vater dachte: „Jetzt bin ich doch gespannt, ob Felix seine Hausaufgaben gemacht hat."**
  „Habe ich das Licht im Keller ausgeschaltet?", überlegte sich Sven.
- **Das Schlosstheater spielt „Unsere kleine Stadt" von Thornton Wilder.**
  Das Wort „Philosophie" entstammt dem Griechischen.

Es gibt unterschiedliche Formen des Anführungszeichens. Zumeist werden die bekannten „Gänsefüßchen" verwendet: „ ... ".

- **Nina schrieb:**
  „Hier scheint jeden Tag die Sonne."

Vor allem in gedruckten Texten erscheinen häufig die sogenannten französischen Anführungszeichen: » ... «.

- **Die Gräfin überlegte: »Von diesem Kerl muss ich meine Tochter fernhalten.«**

In Ausnahmefällen sind halbe Anführungszeichen sinnvoll: ‚ ... '.

- **„Hast du mich soeben einen ‚Spielverderber' genannt?"**
  (Hier werden Anführungszeichen innerhalb einer wörtlichen Rede verwendet.)

Für Fremdsprachen gelten ggf. eigene Regeln. So werden z. B. im Englischen nur hochgestellte Anführungszeichen benutzt: " ... "

- **"See you later!"**

Gelegentlich werden statt der Anführungszeichen andere Schriftarten gewählt:

- **Kursivschrift: Das Wort Automobil ist eine gelehrte Neubildung aus griechisch *autós* (selbst) und lateinisch *mobilis* (beweglich).**
- **Sperrung: Der Löwenzahn gehört zur Familie der K o r b b l ü t l e r .**
- **Großbuchstaben: Auf dem Emailschild steht: HEISSMANGEL.**

7 Die Anführungszeichen

– bei der wörtlichen Rede

Die Verwendung der Anführungszeichen bei der wörtlichen Rede ist vergleichsweise kompliziert. Das hängt vor allem damit zusammen, dass hier mehrere Satzzeichen aufeinander abgestimmt werden müssen.

– der einfache Aussage-, Frage- oder Aufforderungs- bzw. Ausrufesatz:

„Manuela, ich liebe dich."

„Ist heute Mittwoch?"

„Geh mir aus dem Weg!"

– mit vorangestellter Redeeinführung (Begleitsatz):

Der Verkäufer lockte: „Einen günstigeren Preis finden Sie nirgendwo."

Der Klempner fragte: „Wo finde ich das Hauptventil?"

Der Meister befahl: „Keiner von euch verlässt die Werkstatt, bevor die Arbeit beendet ist!"

– mit nachgestellter Redeeinführung:

„Du bist ein Casanova", flüsterte Irene.

„Zahlen Sie mit Ihrer Scheckkarte?", fragte die Kassiererin.

„Keinen einzigen Cent zahle ich für diesen Fraß!", polterte der Gast.

<u>Vorsicht</u>: **Der Frage- bzw. der Aufforderung- und der Ausrufesatz sind von Anführungszeichen eingeschlossen. Das Fragezeichen und das Ausrufezeichen bleiben erhalten. Nach dem zweiten Anführungszeichen steht ein Komma!**

– mit eingeschobener Redeeinführung:

(Die eingeschobene Redeeinführung steht zwischen Kommas.)

„Unser Ferienort", erzählte Frau Grimm, „liegt zwischen Füssen und Steingaden."

„Wer weiß, wann die Abfahrt beginnt", fragte Herr Pfeifer, „und wo wir auf den Bus warten müssen?"

„Haltet endlich einmal den Mund", befahl Lehrer Emsig, „und legt gefälligst eure Lesebücher auf den Tisch!"

Die Sätze der wörtlichen Rede können auch verkürzt sein:

– Der Geselle murrte: „Immer ich."

Der Richter fragte: „Zum allerersten Mal?"

Unser Trainer schrie: „Vorwärts!"

KOHL VERLAG ZEICHENSETZUNG – so geht's! Die Zeichensetzung verständlich erklärt – Bestell-Nr. 12 001

7 Die Anführungszeichen

<u>Sonderfall</u>: Einschub einer wörtlichen Rede in einen fortgeführten Satz:

- **Der Fremde rief: „Wo haben Sie Ihren Führerschein gewonnen?“, und fuhr weiter.**
- **Antonia beteuerte: „Ich habe keine Angst“, als das Flugzeug startete.**
  (Hier steht ein Komma nach dem abschließenden Anführungszeichen.)

Die oben behandelten Zeichensetzungsfälle sind hier noch einmal schematisch dargestellt:

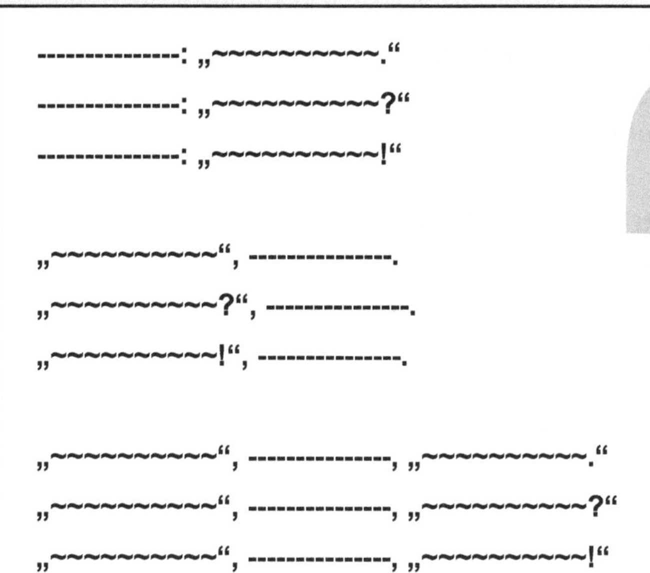

---------------: „~~~~~~~~~~~.“

---------------: „~~~~~~~~~~~?“

---------------: „~~~~~~~~~~~!“

„~~~~~~~~~~~“, ---------------.

„~~~~~~~~~~~?“, ---------------.

„~~~~~~~~~~~!“, ---------------.

„~~~~~~~~~~~“, ---------------, „~~~~~~~~~~~.“

„~~~~~~~~~~~“, ---------------, „~~~~~~~~~~~?“

„~~~~~~~~~~~“, ---------------, „~~~~~~~~~~~!“

<u>Aufgabe 1</u>: a) *In welchen der folgenden Sätze sind Anführungszeichen zu verwenden?*

- Der Angeklagte beteuerte , er sei unschuldig . (indirekte Rede)
  Unser Trainer Pitt versprach , mich ins Tor zu stellen.
- Klaus antwortete : Meinetwegen !
  Der Vereinsvorsitzende schrieb in seinem Brief : Leider hat sich bis heute nur ein einziger freiwilliger Helfer gemeldet!

b) *Verwende die erforderlichen Anführungszeichen. Setze die Punkte, Frage- und Ausrufezeichen sowie die Kommas an der richtigen Stelle.*

- Der Lautsprecher meldete: Der Zug nach Freiburg hat sieben Minuten Verspätung .
  Ich frage dich noch einmal : Warst du heute Morgen in der Schule ?
  Lena erwiderte : Nein !
- Ich freue mich auf Weihnachten , flüsterte Gaby .
  Was kostet diese Krawatte ? , fragte der Kunde .
  Haltet den Dieb ! , schrien die Passanten .
- Mein Vetter Michael , schrieb Sven , macht eine Ausbildung als Mechatroniker .
  Seit wann , fragte der Polizist , vermissen Sie Ihr Fahrrad ?
  Nein , rief Gemeinderat Zander erbost , da mache ich nicht mit !

7 Die Anführungszeichen

– bei Titeln von Büchern, Filmen, Musikstücken u. A.

Titel von Büchern, Filmen, Gedichten, Musikstücken u. a. stehen im Allgemeinen zwischen Anführungszeichen:

- **Thomas Mann: „Buddenbrooks“**
  Georg Trakl: „Verklärter Herbst“
- **Friedrich Smetana: „Die Moldau“,**
  der Vortrag „Wetterkunde für Fortgeschrittene“

<u>Vorsicht</u>: **Bei einem mit einem Artikel beginnenden Titel ist Folgendes zu beachten:**

Der Artikel kann nach dem Anführungszeichen stehen, wenn er nicht verändert wurde:

- **Das Buch „Die Feuerzangenbowle“ von Heinrich Spoerl hat uns köstlich amüsiert. (Auch: Die „Feuerzangenbowle“ hat uns amüsiert.)**

Das Anführungszeichen darf nicht vor dem Artikel stehen, wenn er verändert wurde:

- **Hast du den „Untertan“ von Heinrich Mann schon mal gelesen?**
  (Der vollständige Titel lautet: „Der Untertan“.)

Bei sehr bekannten Titeln und Bezeichnungen wird gelegentlich auf die Anführungszeichen verzichtet:

- **Goethes Faust, Brechts Dreigroschenoper, die Oper Aida, ein Bericht in der Rheinischen Post**

– bei Zitaten

Wörtliche Übernahmen aus Büchern, Zeitungen, Briefen, Reden u. Ä. werden wie die wörtliche Rede behandelt. Die Anführungszeichen zeigen, dass der Text zwischen den Anführungszeichen vom Original nicht abweicht. Hier sind strenge Maßstäbe anzulegen. Das gilt ganz besonders für wissenschaftliche Arbeiten.

- **Das Grundgesetz bestimmt: „Die ungestörte Religionsausübung wird gewährleistet.“**
- **In einem Rundfunkinterview im Jahr 1952 äußerte Bundeskanzler Konrad Adenauer: „Für mich ist Stärke immer nur Mittel zum Zweck und niemals Selbstzweck. Der Zweck kann nur der Friede sein.“**

KOHL VERLAG ZEICHENSETZUNG – so geht's! Die Zeichensetzung verständlich erklärt – Bestell-Nr. 12 001

7 Die Anführungszeichen

Nicht immer werden ganze Sätze oder vollständige Textteile zitiert. Bei Teilzitaten oder bei Buch- und Filmtiteln o. Ä. ist auf die richtige Verwendung der Anführungszeichen zu achten:

- **Konrad Adenauer äußerte in einem Rundfunkinterview im Jahr 1952, für ihn sei „Stärke immer nur ein Mittel zum Zweck“.**

Albert Schweitzer

Der Autor nannte Albert Schweitzer ein „Genie der

lichkeit“.

Der Punkt gehört zum Gesamtsatz. Folglich steht er nach dem Anführungszeichen.

Die in den Titeln vorkommenden Ausrufe- bzw. Fragezeichen bleiben – innerhalb der Anführungszeichen – erhalten. Der Gesamtsatz wird durch einen Punkt (ganz selten auch einmal durch ein Frage- oder Ausrufezeichen) abgeschlossen.

- **Von Gorch Fock stammt der Abenteuerroman „Seefahrt ist not!“.**
- **Die Zeit der Weltwirtschaftkrise spiegelt sich in Hans Falladas berühmtem Roman „Kleiner Mann – was nun?“.**
- **Kennst du den Roman „Kleiner Mann, was nun?“?**
  (Der Gesamttitel ist eine Frage.)

– bei besonders hervorgehobenen Wörtern und Wortgruppen

Sie werden durch Anführungszeichen kenntlich gemacht:

- **Das Wort „Anorak“‘ stammt aus dem Grönländischen.**
- **Unser Chemielehrer Dr. Halberstadt nannte mich „ein verkanntes Genie“.**
- **Eine „Bruchbude“ ist dieses Haus nicht!**

KOHL VERLAG
ZEICHENSETZUNG – so geht's!
Die Zeichensetzung verständlich erklärt – Bestell-Nr. 12 001

7 Die Anführungszeichen

– bei einem in dem Gesamtsatz als Subjekt, Objekt, Prädikatsnomen oder Apposition eingefügten Satz

- **„Not macht erfinderisch“ ist ein kluges Wort.**
  (Subjekt: „Not macht erfinderisch“)
- **Ich ärgere mich über sein ewiges „Lass mich darüber nachdenken!“.**
  (Objekt: sein ewiges „Lass mich darüber nachdenken!“)
- **Die Redewendung „Unkraut vergeht nicht“ hat ihren guten Sinn.**
- **Der Artikel „Minister Kalbfell lügt“ erregte großes Aufsehen.**

– bei ironischer Verwendung

Die gekennzeichneten Wörter sind hier nicht wörtlich gemeint.

- **Die „Halbgötter in Weiß“ können auch einmal irren.**
- **Der Fußballstar verdient „nur“ drei Millionen im Jahr.**

– das Satzschlusszeichen bei in Anführungsstrichen stehenden Wörtern oder Wortgruppen

Punkt, Fragezeichen und Ausrufezeichen stehen nach dem zweiten Anführungszeichen. Sie schließen den Gesamtsatz ab:

- **Wir lesen das Gedicht „Der frohe Wandersmann“.**
- **Kennst du den Roman „Unterm Rad“?**
- **Gib mir gefälligst den „Kölner Stadt-Anzeiger“!**

– Ausnahmen

- **Kennst du den Roman „Wo warst du, Adam?“ ?**
  Wo bekomme ich das Buch „Die Waffen nieder!“ ?

Das erste Frage- bzw. Ausrufezeichen gehört zum Titel und steht folgerichtig vor dem Anführungszeichen.

– halbe Anführungszeichen

Halbe Anführungszeichen werden verwendet, wenn innerhalb eines mit Anführungszeichen versehenen Satzes oder Textes eine zusätzliche Anführung erfolgt:

- **Mira schlug vor: „Jetzt lesen wir noch gemeinsam das ‚Lied von der Glocke‘ und trinken dazu eine Tasse Kaffee.“**
- **„Liebe Kundinnen und Kunden, ich erinnere noch einmal an unser Motto ‚Qualität überzeugt‘.“**
- **„Wir gehen gemeinsam ins Kino und besuchen die Ausstellung ‚Maler des Impressionismus‘“, schlug Stefan vor.**
  (halbes und ganzes Anführungszeichen zusammen)

8 Der Bindestrich

Grundregel

Der Bindestrich verbindet zusammengehörige Wörter oder Wortteile, allerdings auffälliger, als es bei zusammengesetzten Wörtern geschieht: Wir-Gefühl ↔ Wirgefühl.

– bei Zusammensetzungen

In Zusammensetzungen können einzelne Wortteile durch die Verwendung des Bindestrichs besonders hervorgehoben werden:

- **Wir-Gefühl, Null-Lösung, Ich-Laut**

Das geschieht vor allem auch in werbenden Aufschriften und Texten:

- **Mini-Shop, Sushi-Bar, Moonlight-Party**

Im Übrigen dient der Bindestrich dazu, Zusammensetzungen zu gliedern und damit leichter lesbar zu machen:

- **Umsatzsteuer-Nachzahlung**
  Einwohner-Meldeamt
  Cyber-Kriminalität
  Tourenwagen-Ralley

Vorsicht: **Der Bindestrich muss das Gesamtwort sinnvoll trennen: Eisenbahnbundesamt → Eisenbahn-Bundesamt, nicht: *Eisenbahnbundes-Amt).**

In schwer lesbaren Zusammensetzungen gleichrangiger Adjektive bzw. in Aneinanderreihungen steht ein Bindestrich:

- **die bayerisch-österreichische Grenze**
  das rheinisch-westfälische Industriegebiet
  der Deutsch-Französische Krieg von 1870/71
- **die chemisch-technische Assistentin**
  die mathematisch-naturwissenschaftliche Fakultät

8 Der Bindestrich

– bei Adjektiven bzw. Farbbezeichnungen

Kein Bindestrich steht, wenn das erste Adjektiv das zweite näher bestimmt:

- **hellrot** (Das Kleid ist rot, aber in einem hellen Farbton.),
  nasskalt, feinherb, kleinwüchsig, zartfühlend

Bei Farbbezeichnungen ist Vorsicht geboten:

- **Der Kürbis ist gelbgrün.** (Er ist grün mit einem Stich ins Gelbe.)
  Dieser Rock ist nicht schwarz, sondern blauschwarz.

aber:

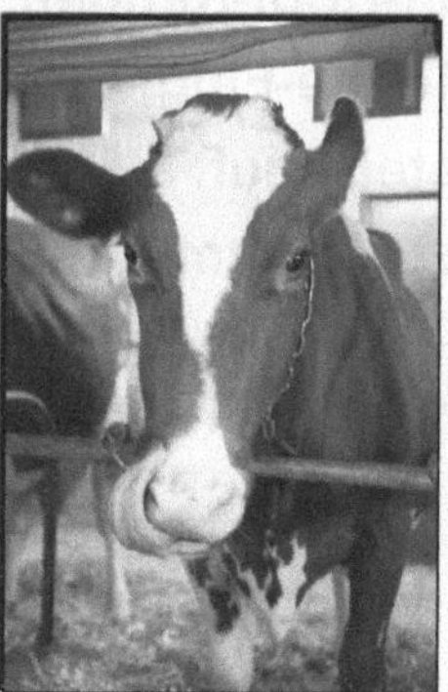

- **Der Bikini ist blau-gelb.**
  (Er zeigt beide Farben nebeneinander)
  Unsere Milchkuh Flora ist weiß-braun. (gefleckt)
- **Mein Duschhandtuch ist rot-weiß gestreift.**
  (Die Streifen haben die genannten Farben.)
  Die Fahne der Bundesrepublik Deutschland ist schwarz-rot-gold.
  (auch: schwarzrotgolden)

– beim Zusammentreffen von drei gleichen Vokalen oder Konsonanten

In zusammengesetzten Substantiven, bei denen drei gleiche Vokale oder Konsonanten zusammentreffen, kann ein Bindestrich gesetzt werden.

Bei Adjektiven und Partizipien ist das nicht zu empfehlen:

- **Kaffee-Ersatz / Kaffeeersatz, Schnee-Eule / Schneeeule, Schnell-Läufer / Schnellläufer, Pfarr-Rektor / Pfarrrektor**

8 Der Bindestrich

– bei Aneinanderreihungen

Bei Aneinanderreihungen werden die einzelnen Wortteile durch Bindestriche miteinander verbunden.

Die Aneinanderreihungen sind von den normalen Zusammensetzungen zu unterscheiden:
Zusammensetzung: Herzbeschwerden, Septembermorgen
Aneinanderreihung: Herz-Lungen-Maschine, August-September-Ausgabe

- **Rhein-Main-Flughafen, Kupfer-Zinn-Legierung, Ost-West-Strömung, Samstag-Sonntag-Ausgabe**
- **Kopf-an-Kopf-Rennen, Zehn-vor-acht-Nachrichten**
- **Last-Minute-Flug, Slow-Food-Restaurant, Ave-Maria-Wallfahrt**
- **100-Meter-Lauf, 5,5-cm-Schraube, 3:2-Sieg**
- **Gerhart-Hauptmann-Straße, Fr.-Schiller-Schule, Nikolaus-von-Kues-Kolleg** (aber ohne Vornamen in der Regel: Bismarckplatz, Pestalozzischule, Nobelpreis)
- **2.-Wahl-Konserven, DIN-A4-Format, NDR-3-Programm**

Eng zusammengehörige Buchstaben-Ziffern-Kombinationen werden oft nicht mehr durch einen Bindestrich verbunden:

- **2.Wahl-Konserven, DIN A4-Format, NDR3-Programm**

– bei Abkürzungen

- **WM-Stadion, VW-Bus, DGB-Vorsitzender**
- **NO_2-haltig, CDU-nah, EU-kritisch**
- **griech.-orth., rhein.-westf., röm.-germ.**
- **km-Stand, hl-Fass, cm-Skala**
- **Gallen-OP, Sport-BH, Senioren-TÜV**
- **Dipl.-Ing., Stud.-Dir., Abt.-Leiter**

– bei Einzelbuchstaben und Ziffern

- **S-Klasse, T-Shirt, E-Lok**
- **i-Punkt, s-Laut, a-Moll, x-Achse**
- **Fugen-s, Dehnungs-h, Dativ-e**
- **12-Ender, 7-Tonner, 8-Zylinder**
- **4-kantig, 10-prozentig, 3-phasig**
- **4-wöchig, 18-jährig, die 18-Jährigen**
- **eine 2:3-Niederlage**

KOHL VERLAG ZEICHENSETZUNG – so geht's! Die Zeichensetzung verständlich erklärt – Bestell-Nr. 12 001

8 Der Bindestrich

– bei Nachsilben

Hier steht nur dann ein Bindestrich, wenn sie sich auf einen Einzelbuchstaben beziehen:
- **x-mal**

Ansonsten steht kein Bindestrich:
- **der 20er, die 70er Jahre, die FDPler**
- **eine 3er-Packung, das 50er-Treffen**

Bei der Nachsilbe -fach sind nach Ziffern beide Schreibungen möglich:
- **100fach / 100-fach, 3,5fach / 3,5-fach – das 10fache / das 10-Fache** (Substantiv)

aber: 100-prozentig, 18-jährig, 3-blättrig, 4-teilig
Hier handelt es sich nicht um Nachsilben.

EA

Aufgabe 1: *Bindestrich – ja oder nein? Unterstreiche das Richtige.*

– Leberwurst / Leber-Wurst, Ringfinger / Ring-Finger,
Autobahnpolizei / Autobahn-Polizei

– Benzinalkoholmischung / Benzin-Alkohol-Mischung
Pfirsichmaracujabrei / Pfirsich-Maracuja-Brei
Leihpachtvertrag / Leih-Pacht-Gesetz

– ha(-)Ertrag, 4(-)motorig, Senioren(-)WG, T(-)Träger

– ein rüstiger 70(-)er, die 60(-)er Jahre
ein 11(-)jähriger Junge, eine 80(-)seitige Broschüre

– als Ergänzungsstrich

Der Ergänzungsstrich ersetzt ein Wort oder einen Wortteil, der bereits genannt wurde oder noch genannt wird:
- **Vor- und Nachteile, hell- und dunkelrot, hin- und hergehen**
- **Pfefferminz-, Fenchel- und Salbeitee**
- **12- oder 24-teilig**
- **Kunstfreunde und -förderer, Lehrstelleninformations- und -vermittlungstage**

9 Der Gedankenstrich

Grundregel

Der Gedankenstrich bezeichnet eine deutliche Sprech- oder Denkpause.
Er trennt stärker als das Komma.

Der Gedankenstrich darf nicht mit dem Bindestrich verwechselt werden.
In gedruckten, evtl. auch in computergeschriebenen Texten ist er länger als der Bindestrich:

Bindestrich: U-Boot, Make-up

Gedankenstrich: Klaus – ihn hätte ich fast vergessen – wurde als Einziger aus unserer Klasse Landwirt.
(Vor und nach dem Gedankenstrich ist jeweils eine Lücke bzw. Leertaste.)

– bei einem unerwarteten Ereignis

Der Gedankenstrich kündigt etwas Unerwartetes an:

- **Old Shatterhand blickte aus dem Fenster – und erstarrte vor Schreck.**
- **Mit einem Mal stand da – ein heißhungriger schwarzer Bär.**
- **Der Bankräuber öffnete seinen Rucksack – und verteilte das erbeutete Geld an die Passanten.**

– bei einem abrupten Wechsel des Themas

Zwischen selbstständigen Sätzen kann ein Gedankenstrich stehen, wenn ein abrupter Wechsel des Themas erfolgt:

- **„Heute Nachmittag kommt Onkel Hubert kurz vorbei. – Habt ihr übrigens schon eure Hausaufgaben gemacht?“**

  "Wir beginnen auf Seite 14. – Karla, warum hast du dein Buch nicht aufgeschlagen?"

KOHL VERLAG Lernen mit Erfolg ZEICHENSETZUNG – so geht's! Die Zeichensetzung verständlich erklärt – Bestell-Nr. 12 001

9 Der Gedankenstrich

– bei Texteinschüben, die sich inhaltlich und grammatisch deutlich vom übrigen Text abheben

- **Frank hat uns – das muss einmal gesagt werden – mit seinem Leserbrief keinen guten Dienst erwiesen.**

Nach einem Einschub, der ein vollständiger Satz ist, steht kein Punkt.

- **Wir sollten uns jetzt – eben hat die Kirchenuhr 9 geschlagen – langsam auf den Weg machen.**

Das Ausrufe- und das Fragezeichen bleiben ggf. aber erhalten.

- **Der Gerichtsvollzieher – hören Sie mir gut zu! – hat in meinem Haus nichts zu suchen.**
- **Wir sind am kommenden Wochenende – weißt du das schon? – zum Wandern im Harz.**

Der zweite Gedankenstrich vor einem Komma:

- **Das Feuerwehrfest findet statt – leider geht es nicht anders –, obwohl Regen angesagt ist.**
- **Wir lasen im Urlaub die „Schatzinsel" – das Buch ist klasse –, „Die Flusspiraten des Mississippi" und „Der letzte Mohikaner".**

Anstelle von Gedankenstrichen können u. U. auch Kommas oder Klammern stehen:

- **Stadträtin Lindholm – du kennst sie ja – wird in der nächsten Sitzung die Renovierung des Kindergartens beantragen.**

  Stadträtin Lindholm, du kennst sie ja, wird ... Stadträtin Lindholm (du kennst sie ja) wird ...

Das erste Wort des Einschubs wird kleingeschrieben, wenn es kein Substantiv bzw. keine Höflichkeitsform eines Pronomens ist:

- **Dieser Zug fährt – das weiß ich genau – nicht über Essen.**

aber:

- **Auf unserer Wanderung lebten wir – Obst ist gesund – zwei Tage lang nur von Äpfeln, Birnen und Zwetschgen.**
- **Wir hoffen alle – Sie kennen unser Problem – auf ein sonniges Wochenende.**

Der zweite Gedankenstrich muss auch dann gesetzt werden, wenn sich der Einschub auf ein nachfolgendes Substantiv bezieht:

- **Für die Verkaufsausstellung haben sich zahlreiche norddeutsche – kaum aber süddeutsche und ausländische – Aussteller angemeldet.**
  (aber: Für die Verkaufsausstellung haben sich zahlreiche norddeutsche, kaum aber süddeutsche und ausländische Aussteller angemeldet.)

KOHL VERLAG ZEICHENSETZUNG – so geht's! Die Zeichensetzung verständlich erklärt – Bestell-Nr. 12 001

9 Der Gedankenstrich

– bei Auslassungen

Der Gedankenstrich ersetzt gelegentlich auch die drei Auslassungspunkte bei einer nicht zu Ende geführten Aussage:

– **„Hau ab, du –!“, rief der Bademeister zornig.**
(„Hau ab, du ...“, rief der Bademeister zornig.)

– Spiegelstrich

Der sogenannte Spiegelstrich macht Auflistungen von Wörtern, Wortgruppen und Sätzen übersichtlicher:

Für den einfachen Pfannkuchen benötigen Sie:

– 4 Esslöffel Mehl
– ¼ Liter Milch oder Wasser
– 4 Esslöffel Butter oder Margarine
– 2 Eier
– Salz und Zucker
– evtl. Puderzucker zum Bestreuen

Bitte beachten Sie:

– Das Hauptgericht wird unmittelbar nach der Ansprache des Präsidenten serviert.
– Das Mineralwasser steht bereits auf den Tischen. Sie bieten den Gästen Weißwein und Rotwein an. Andere Getränke, z. B. Bier oder Sekt, sind bei Ihnen zu bestellen.
– Das benutzte Geschirr wird ausnahmslos in der Spülküche abgestellt.

10 Der Apostroph

– bei Auslassungen in Wörtern

Grundregel

Der Apostroph (das Auslassungszeichen) zeigt an, dass Buchstaben, Wörter oder Wortteile ausgelassen wurden.

- **„Ich komme, wenn‘s reicht.“**
  Als wär’s ein Stück von mir.
  Und der wilde Knabe brach‘s [das] Röslein auf der Heiden.
- **‘s hat keinen Zweck!**
  ‘s ist mein letzter Versuch.
- **Ich hatt‘ einen Kameraden.**
  Aug‘, mein Aug‘, was sinkst du nieder?
  Das Wasser rauscht‘, das Wasser schwoll.

In vielen Fällen wird heute auf den Apostroph verzichtet, wenn keine Missverständnisse drohen:

- **Eine bessre Ausstattung ist teuer.** (bessere)
- **Ich fahr mit dem Bus.** (fahre)
- **Die Wunde sieht bös aus.** (böse)
- **Heut regnet es nicht.** (heute)

Verbindungen mit dem verkürzten *es* – Auch hier kann in geläufigen Wendungen auf den Apostroph verzichtet werden:

- **Wann gehts** (auch: geht’s) **weiter? Ich werde dirs** (auch: dir’s) **schon sagen.**
  Das Spiel findet nur dann statt, wenns (auch: wenn’s) **nicht regnet.**

– bei Verkürzungen von Ortsnamen

- **Fr’hafen, K’ruhe, Ku’damm, L’burg**

10 Der Apostroph

– bei Namen, vor allem beim Genitiv- und Plural-s

Bei der Genitiv- und Pluralformen eines Namens steht vor dem *s* in der Regel **kein** Apostroph:

- **Schillers „Wallenstein“, Beethovens 6. Sinfonie, Meyers Hühnerhof, Münchens Oberbürgermeister, Noras Puppenstube**
- **Die Müllers sind seit gestern verreist.**
  Beide Manns waren berühmte Schriftsteller.

Gelegentlich wird der Apostroph verwendet, um die Grundform eines Personennamens deutlich hervorzuheben:

- **die Goethe'schen Gedichte** (auch: die goetheschen Gedichte),
  die Hegel'sche Philosophie (auch: die hegelsche Philosophie)
- **Otto's Schnellimbiss, Lydia's Schmuckladen, Schluchter's Speisequark**

Die Schreibweise nach dem Muster der letztgenannten Beispiele ist aber nur in seltenen Fällen, z. B. zum Zweck der Eigenwerbung, zu empfehlen.
(evtl. Ausnahme: Hanne's Waschsalon, Andrea's Strumpfboutique. – Gemeint sind Hanne und Andrea, nicht Hannes und Andreas.)

– beim Genitiv-s in Abkürzungen

Hier steht **kein** Apostroph.

- **Die Anhänger des LKWs.**
  Die deutschen AKWs (Atomkraftwerke) werden in einigen Jahren endgültig abgeschaltet.

Ehemaliges Kernkraftwerk Grafenrheinfeld (Kreis Schweinfurt)

Oft wird auch auf das Genitiv- bzw. das Plural-s verzichtet:

- **Die Mitgliederzahl des DGB steigt wieder.**
  Einige PKW parkten auf der Wiese.

KOHL VERLAG ZEICHENSETZUNG – so geht's! Die Zeichensetzung verständlich erklärt – Bestell-Nr. 12 001

10 Der Apostroph

– beim Genitiv-s bei Namen, die auf s, ss, ß, tz, x, z und ce enden

Hier steht ein Apostroph zur Kennzeichnung des Genitivs:

- **Peter Paul Rubens' Gemälde „Der Höllensturz der Verdammten"**
  Heuss' Amtszeit als Bundespräsident
  Veit Stoß' „Englischer Gruß" in Nürnberg
  Götz' Burgvogt
  Marx' „Kapital"
  Oliver Storz' Spielfilme
  Alice' Bademoden
  (aber: das Gemälde des Peter Paul Rubens, die Amtszeit von Heuss als Bundespräsident)

Aus stilistischen Gründen empfiehlt es sich, den Apostroph möglichst durch Umschreibung zu vermeiden:
Andreas Gryphius' Gedichte über den Dreißigjährigen Krieg → die Gedichte von Andreas Gryphius über den Dreißigjährigen Krieg.

– bei Verschmelzungen von Präpositionen und Artikeln

Hier steht **kein** Apostroph.

- **ans (an das), aufs, fürs, ins, übers – Stelle die Blumen vors Fenster!**
  Ich warte aufs Essen.
- **zur (zu der) – Michael fährt zur See.**
- **am (an dem), beim, unterm, vorm – Hinterm Haus steht eine alte Linde.**
  Noch vorm Herbst fahre ich nach Helgoland.

EA

__Aufgabe 1:__ *Verwende den Apostroph nur dort, wo er vorgeschrieben oder sinnvoll ist. Unterstreiche oder kreuze durch.*

- Bei Simonetti gibt (') s das beste Eis.
  Wenn (') s regnet, bleiben wir zu Hause.
- Johann Strauß (') „Donauwalzer
  Klaus (') Passfoto
- Wir gehen um (') s Haus.
  Auf (') s Wetter ist kein Verlass.
  Nach dem Abitur gehe ich für drei Monate in (') s Ausland.

KOHL VERLAG ZEICHENSETZUNG – so geht's! Die Zeichensetzung verständlich erklärt – Bestell-Nr. 12 001

11 Die Klammern

Man unterscheidet runde und eckige Klammern:

– rund: (. . .) – eckig: [. . .]

– Runde Klammern

Die Klammern enthalten nachgestellte Ergänzungen zu den im übrigen Text vorkommenden Begriffen oder Aussagen.

– **Neustadt (Weinstraße), Dreißigjähriger Krieg (1618-1648)**
  Die Pappschachtel enthält 10 frische Eier (Gewichtsklasse L).
  Felix Reutter (seit gestern Vater eines Jungen) spielt in unserer Kreisauswahl.
– **Das Wort „Gladiator" (lat. gladius = Schwert) bezeichnet die bei öffentlichen Schaukämpfen auftretenden Berufskämpfer im antiken Rom.**

  Das Zitat stammt aus dem ersten Buch des Alten Testaments (1 Mose 1, 27).
– **Karl May (er war damals bereits 66 Jahre alt) reiste 1908 zum ersten Mal in seinem Leben nach Amerika.**
  Lothar fuhr sehr früh am Morgen zum Bahnhof. (Er konnte nicht ahnen, dass der Zug wegen eines Oberleitungsschadens 45 Minuten Verspätung hatte.)
– **Fred unternahm einen (leider vergeblichen) Versuch, den Ball aus dem Wasser zu fischen.**

Statt der Klammern können auch Kommas oder Gedankenstriche verwendet werden:

– **Der Regen (ein linker Nebenfluss der Donau) entspringt im Böhmerwald.**
  Der Regen, ein linker Nebenfluss der Donau, entspringt im Böhmerwald.
– **Matthias Storch (er hat sich vor allem durch seine Auftritte im Rundfunk einen Namen gemacht) leitet künftig unseren Gesangverein.**
  Matthias Storch – er hat sich vor allem durch seine Auftritte im Rundfunk einen Namen gemacht – leitet künftig unseren Gesangverein.

Gelegentlich können solche Ergänzungen auch einmal vorangestellt werden:

– **Zur Gratulation waren zahlreiche (etwa 80) Gäste erschienen.**
  Wir bemühten uns (völlig vergeblich) um einen schattigen Platz auf der Tribüne.

Wenn nur ein Teil eines Wortes in Klammern steht, wird im Allgemeinen ein Bindestrich gesetzt:

– **(Risiko-)Lebensversicherung, (neo-)liberal, (tief-)kühlen**

KOHL VERLAG ZEICHENSETZUNG – so geht's! Die Zeichensetzung verständlich erklärt – Bestell-Nr. 12 001

11 Die Klammern

Bei verkürzenden Aufzählungen:

- **Verkäufer(in) statt: Verkäufer und Verkäuferin**
  Vielen Dank für Ihre Einsendung(en). (Manche haben nur ein Bild, andere mehrere geschickt.)

Bei Frage- und Ausrufezeichen in der Klammer

- **Unser Biolehrer (kennst du ihn?) züchtet zu Hause Vogelspinnen.**
  Morgen um 8 Uhr (bitte den Regenumhang nicht vergessen!) brechen wir pünktlich auf.

Der Schlusspunkt des Gesamtsatzes im Zusammenhang mit einer Klammer ...
bei einem eingeschobenen vollständigen Satz:

- **Der Rohrzucker ist zurzeit dramatischen Preisschwankungen unterworfen (er ist eins der wichtigsten Exportprodukte Kubas).**
- **Der Rohrzucker ist zurzeit dramatischen Preisschwankungen unterworfen. (Er ist eins der wichtigsten Exportprodukte Kubas.)**

bei einem Einzelwort oder einer Wortgruppe:

- **„Ich bin der erste Diener meines Staates“ (Friedrich II.).**
  Oder: „Ich bin der erste Diener meines Staates.“ (Friedrich II.).

– Eckige Klammern

Bei Auslassungen oder Ergänzungen in wissenschaftlichen Werken:
Vor allem in wissenschaftlichen Werken stehen Auslassungen in Zitaten bzw. nicht zum Ursprungstext gehörige Ergänzungen oder Erläuterungen zwischen eckigen Klammern.

- **Karl Marx: „Die Bourgeoisie hat in ihrer kaum hundertjährigen Klassenherrschaft massenhaftere und kolossalere Produktionskräfte geschaffen als alle vergangenen Generationen zusammen.“ → „Die Bourgeoisie hat [...] massenhaftere und kolossalere Produktionskräfte geschaffen als alle vergangenen Generationen zusammen.“**
- **Atropin (ein Alkaloid, das in der Natur in verschiedenen Nachtschattengewächsen vorkommt) wird bei Augenuntersuchungen zur temporären Akkommodationslähmung der Pupille verwendet.**
- **In seiner Konzertbesprechung schreibt der Verfasser: „Die Orchestermitglieder mussten zuerst einmal einen gemeinsamen Rhytmus [sic!] finden.“ (Das lateinische Wort sic bedeutet** *so, tatsächlich so*. **Hier soll darauf hingewiesen werden, dass das Wort Rhythmus in der Zeitung falsch, nämlich mit nur einem h gedruckt wurde.)**

KOHL VERLAG ZEICHENSETZUNG – so geht's! Die Zeichensetzung verständlich erklärt – Bestell-Nr. 12 001

12 Der Schrägstrich

Der Schrägstrich ist eigentlich kein Satzzeichen wie z. B. der Punkt oder das Anführungszeichen.

Er ersetzt bei Zahlen- und Größenverhältnisse die Präpositionen *je* oder *pro*:

- **voraussichtliche Kosten: 7,45 Euro/m (7,45 Euro je Meter)**
- **Die Durchschnittsgeschwindigkeit des Zuges beträgt 60 km/h. (60 Kilometer pro Stunde)**

Der Schrägstrich fasst gleichartige, aber unterschiedliche Möglichkeiten zu einer Einheit zusammen:

- **Wir gehen ins Kino und/oder zum Tanzen.**
  Die neue Brücke baut die Arbeitsgemeinschaft Denzer/Hauknecht.

Duisburg: Bruecke der Solidarität

Die CDU/CSU-Fraktion beantragt im Bundestag einen Untersuchungsausschuss.

Die Herbst/Winter-Mode lässt auf sich warten. (auch: Herbst-Winter-Mode)

- **Unsere Lieferung erfolgt am 5./6. Juli.**
  der Doppelhaushalt 2017/18
  der Deutsch-Französische Krieg 1870/71

Mit dem Schrägstrich lassen sich Abkürzungen, Buchstaben und Zahlen gliedern:

- **Rechnungsnummer 3402/14, Laborversuch 232/11**
- **Wir suchen für unseren Betrieb baldmöglichst: 2 Mechatroniker (w/m), 1 Elektroingenieur (w/m).**
  Der Wind weht von W/SW.
- **08/15**
  Jeansgröße 34/36

13 Lösungen

1 Der Punkt

Aufgabe 1:

Wir haben das Zimmer 214 für Sie reserviert.
Die Zahl 68 hat gewonnen.
Ich habe 50 Dollar auf die 10 gesetzt.
Die Ausstellung beginnt am 2. und endet am 30. Juli.
Kaiser Wilhelm II. regierte von 1888 bis 1918.
Das 5. Gebot lautet: „Du sollst nicht töten."
Unsere Konzertplätze sind in der 11. Reihe.
Die 7. Klasse fährt nach Ostern ins Schullandheim.
Die 7 gilt vielen als magische Zahl.
Hugo liest einen Krimi. Melanie kocht Quittengelee.

Aufgabe 2:

mit Punkt: usw., u. U. ...
ohne Punkt: km, SMS ...

Aufgabe 3:

2 Muster:

Herrn
Dr. Georg Lindner
Sonnenweg 45
24145 Kiel

Druckerei R. Grießhaber
Postfach 476
40595 Düsseldorf

Aufgabe 4:

Heute ist Mittwoch. Wir treffen uns am Nachmittag im Freibad.
Herr Müller wohnt in Soest. Er ist ein Vetter meines Vaters. Persönlich kenne ich ihn leider aber nicht.
Der Sommer war in diesem Jahr sehr heiß. Fast jeden Tag stiegen die Temperaturen auf über 30 Grad Celsius. Nachmittags trafen wir uns zumeist im Freibad. Abends saßen wir noch lange auf der Bank vor dem Haus.

Der Elefant (nach der Überschrift kein Punkt!)

Der Elefant ist das größte auf dem Land lebende Tier. Er kann ein Gewicht von bis zu 5 Tonnen erreichen und bis zu 10 Meter lang werden. Den asiatischen Elefanten gibt es vor allem in Indien. Der afrikanische Elefant lebt im Süden Afrikas. Ursprünglich soll es dort mehrere Millionen dieser Tiere gegeben haben. Inzwischen hat sich ihre Anzahl auf etwa eine halbe Million verringert.

Die Stoßzähne der Elefanten bestehen aus Elfenbein. Sie lassen sich zu wertvollen Schmuckstücken verarbeiten. Heute unterliegt der Handel mit dem kostbaren Material sehr strengen Vorschriften. Aber immer noch werden viele der geschützten Tiere durch Wilderer getötet. Sie verkaufen das Elfenbein über dunkle Kanäle und verdienen damit viel Geld.

2 Das Fragezeichen

Aufgabe 1:

Gibst du mir dein Handy?
Du hast sicher keinen Hunger.
Wo liegt die Stadt Neapel?
War das schon alles?
Ihre Frage kann ich nicht beantworten.
Wer hat Angst vor dem schwarzen Mann?
Für den Heimweg müssen wir genügend Zeit einplanen, zwei oder drei Stunden.
Wie lange sind wir unterwegs, zwei oder drei Stunden?
Wie oft? Kaffee oder Tee? (Hier ist ggf. der inhaltlich Zusammenhang zu beachten.)
Am Samstag oder am Sonntag?

3 Das Ausrufezeichen

Aufgabe 1:

Morgen schneit es.
Magst du Spaghettieis?
Sei endlich still!
Aufgepasst!
Warum?
Heute Abend. (mit Nachdruck: Du entschuldigst dich bis spätestens heute Abend!)
Ich möchte wissen, was diese Turnschuhe kosten.
Wissen Sie, wann der nächste Zug fährt?
Deine blöden Witze kannst du dir sparen! (Ohne Nachdruck ist auch ein Punkt möglich.)

4 Das Komma

Aufgabe 1:

Petra lädt Anne, Ingrid, Aysche, Claudia zum Geburtstag ein.
Ich habe dich, Philipp, Sebastian und meinen Bruder Klaus für die Wanderung angemeldet. (4 Personen)
Ich habe drei, vier, fünf Mal bei dir angerufen.
Wir führen in unserem Laden französische, spanische, portugiesische und griechische Rotweine.
Im Garten blühen rote Rosen, gelbe Sonnenblumen und blauer Rittersporn.
Am Nachmittag fahre ich mit dem Zug nach Köln, besichtige dort den Dom, bummle die Hohe Straße entlang und setze mich dann irgendwo in ein nettes Café.
Heute ist eine Menge zu erledigen: Am Morgen gehen wir gemeinsam aufs Feld und ernten die Kürbisse, am Nachmittag holen wir 25 Sack Volldünger im Lagerhaus, und am Abend reparieren wir den Weidezaun.

Aufgabe 2:

Der Felsbrocken, vermutlich mehr als eine Tonne schwer, versperrte den Zugang ins Gebirge.
Richard, schlagfertig wie immer, versetzte unseren Zeichenlehrer in große Verlegenheit.
Dieser Teppich, drei mal vier Meter, ist für unser Esszimmer zu groß.
Carlo, 194 cm groß, ist der geborene Basketballspieler.
Nikolaus Mettenleitner, SPD, wurde mit 57 Prozent der Stimmen zum Bürgermeister gewählt.
Ein braunes Fohlen, kaum zwei Wochen alt, weidete unter den Apfelbäumen.

Einige Länder in Osteuropa habe ich bereits besucht, und zwar Russland, Litauen, Polen und Ungarn.
Franziska spricht mehrere romanische Sprachen, u. a. Französisch, Italienisch und Portugiesisch.
Ich lese gern Romane russischer Autoren, insbesondere die von Tolstoi und Dostojewski.
Wir, allen voran meine Schwester Silvia, flohen vor dem wütenden Stier.
Zwei Gewürze, nämlich Lorbeerblätter und Paprikapulver, musst du noch einkaufen.
Wir heißen unser neues Vereinsmitglied, erfreulicherweise eine junge Frau aus Spanien, ganz herzlich willkommen.

Aufgabe 3:

In München, der Hauptstadt von Bayern, steht das berühmte Hofbräuhaus.
In Australien lebt der Dingo, ein seit Langem verwilderter Haushund.
Ich wünsche Ihnen, lieber Herr Kühnle, alles Gute zum Geburtstag!
Ralf, mein Freund, und Christian gehen mit mir ins Kino. (2 Personen)
Frau Mayer, unsere Bürgermeisterin und Dr. Kornberger sind bei der Wahlversammlung anwesend. (3 Personen)

Aufgabe 4:

Ich kaufe die Kartoffeln im Gemüseladen bzw. beim Bauern draußen auf dem Dorf. (kein Komma)
Unser Bier wird gebraut wie vor 500 Jahren. (kein Komma)
Wir backen unser Brot, wie meine Großeltern es schon gemacht haben. (Komma vor Nebensatz)
Elisabeth studiert entweder Biologie oder etwas völlig anderes. (kein Komma)
Entweder gibst du mir mein Taschenmesser zurück, oder ich behalte deinen Kompass. (zwei Hauptsätze, Komma empfohlen)
Unser Computer wird sowohl von mir als auch von meinen Geschwistern Gisela und Tim benutzt. (kein Komma)
Entweder besuche ich dich am Freitagabend oder an einem der nächsten Wochenenden. (kein Komma)
Ich interessiere mich weder für deine Freundinnen noch für deine Geldsorgen. (kein Komma)
Herr Kilian will weder Bürgermeister werden, noch strebt er das Amt des Landrats an. (zwei Hauptsätze, Komma empfohlen)

Aufgabe 5:

Als es zu regnen begann, gingen wir ins Haus.
Als der Krieg zu Ende war, begann der Wiederaufbau des verwüsteten Landes.
Ich weiß, wie du darüber denkst.
Gaby hat von ihrer Mutter gelernt, wie man Marmorkuchen backt.
Wer lügt, der stiehlt.
Wem Gott will rechte Gunst erweisen, den schickt er in die weite Welt.
Der Löwe, der aus dem Zirkus entlaufen war, wurde von der Polizei wieder eingefangen.
Wir treffen uns, wenn es dunkel geworden ist, am Bahnhof und fahren gemeinsam nach Hause.
Lutz schreibt in seinem Brief, dass er sich in Schwerin wohlfühlt, und lädt uns zu einem Besuch ein.

ZEICHENSETZUNG – so geht's!
Die Zeichensetzung verständlich erklärt – Bestell-Nr. 12 001

4

Aufgabe 6:

Philipp ging nach Hause, als es schneite, weil er fror.

Wir verlassen die Jugendherberge, wenn die Sonne aufgeht, obwohl wir wenig geschlafen haben.

Das Haus brannte nieder, weil ein Blitz eingeschlagen hatte und weil die Feuerwehr zu spät eintraf. (kein Komma, zwei gleichrangige Nebensätze verbunden durch und)

Ich erwarte einen Brief von dir, wenn du die Gesellenprüfung bestanden hast und weil ich Genaueres darüber erfahren möchte.

Julian trat aus dem Baseballklub aus, weil er sich über den Vorsitzenden, mit dem er seit Langem befreundet gewesen war, geärgert hatte.

Morgen fährt Herr Storm nach Flensburg, obwohl seine Eltern, die dort gewohnt haben, längst nicht mehr leben.

Ich verkaufe dir mein Fahrrad, das sich, obwohl es bereits zwei Jahre alt ist, in einem sehr guten Zustand befindet.

Aufgabe 7:

Mirjam versprach zu kommen.
Der FC Ballhausen hoffte zu gewinnen.
Zu verbessern gibt es so manches.
Zu trinken gibt's heißen Tee.
Keine Kommas. Der Infinitiv ist nicht erweitert.

Der Arzt rät [,] auf Kaffee zu verzichten.
Gerd versprach [,] mir einen Krimi zu schenken.
Im Urlaub zu meinen Großeltern zu fahren [,] gefällt mir nicht.
Mit der Seilbahn zu fahren [,] macht großen Spaß.
Die Kommasetzung ist freigestellt. Sie empfiehlt sich auf jeden Fall bei umfangreicheren Sätzen.

Die Bauern verließen den Hunsrück, um nach Amerika auszuwandern.
Nick bummelte durch die Straßen, anstatt in die Schule zu gehen.
Ohne ein Wort zu sagen, verließ der Gast das Lokal.

Lisa hofft darauf, eine Handtasche zu gewinnen.
Ich genieße es, von meiner Patentante verwöhnt zu werden.
Es dauert nur zehn Minuten, den Bahnhof zu erreichen.

Frau Kiesewetter hat die Absicht, unsere Schule zu verlassen.
Ich danke für ihr Entgegenkommen, uns seinen Rabatt von drei Prozent einzuräumen.
Peter auf der Party am Samstag zu treffen, darauf hoffe ich.

Wir wandern zu Fuß nach Waldheim, um das Geld für den Bus zu sparen, und gehen dort ins Kino.
Bauer Kühl beabsichtigt [,] ein Dutzend Kälber zu kaufen [,] und fährt deshalb zum Viehmarkt nach Hausen.

Aufgabe 8:

Emilia verließ zitternd die Geisterbahn.
Erschöpft ließen sich die Wanderer ins Gras fallen.

Vom langen Warten entnervt [,] machten wir uns auf den Heimweg.
Von dem geringen Publikumsinteresse enttäuscht [,] beendete der Veranstalter die Gemäldeaustellung vorzeitig.

Diese Rose, zartrosa und duftend, bereitet uns viel Freude.

6 Der Doppelpunkt

Aufgabe 1:

Für mich war augenblicklich klar: Sie hatte gelogen!
Mein Bruder Leo sammelt alles Mögliche: gestempelte Briefmarken und alte Münzen, Muscheln und bunte Steine.
Ein paar Zutaten muss ich für den Kuchen noch einkaufen: ein Pfund Weizenmehl und Hefe, hundert Gramm Rosinen und ein Päckchen Zitronat.
Der Elektriker fand den Fehler: Eines der Stromkabel war durchgeschmort.
Es gibt zwei Möglichkeiten: Entweder übernachten wir in Ulm, oder wir fahren gleich nach Innsbruck weiter.
Drei Freiwillige haben sich gemeldet: mein Vetter Florian, Gerda Kümmel und mein Freund Holger.

KOHL VERLAG ZEICHENSETZUNG – so geht's! Die Zeichensetzung verständlich erklärt – Bestell-Nr. 12 001

12 Lösungen

7 Die Anführungszeichen

Aufgabe 1:

Der Angeklagte beteuerte, er sei unschuldig.
Unser Trainer Pitt versprach, mich ins Tor zu stellen.
Klaus antwortete: „Meinetwegen!“
Der Vereinsvorsitzende schrieb in seinem Brief: „Leider hat sich bis heute nur ein einziger freiwilliger Helfer gemeldet!“

Der Lautsprecher meldete: „Der Zug nach Freiburg hat sieben Minuten Verspätung.“
Ich frage dich noch einmal: „Warst du heute Morgen in der Schule?“
Lena erwiderte: „Nein!“
„Ich freue mich auf Weihnachten“, flüsterte Gaby.
„Was kostet diese Krawatte?“, fragte der Kunde.
„Haltet den Dieb!“, schrien die Passanten.
„Mein Vetter Michael“, schrieb Sven, „macht eine Ausbildung als Mechatroniker.“
Seit wann“, fragte der Polizist, „vermissen Sie Ihr Fahrrad?“
„Nein“, rief Gemeinderat Zander erbost, „da mache ich nicht mit!“

8 Der Bindestrich

Aufgabe 1:

Leberwurst, Ringfinger, Autobahnpolizei (einfache Zusammensetzungen)
Benzin-Alkohol-Mischung
Pfirsich-Maracuja-Brei
Leih-Pacht-Gesetz (Aneinanderreihungen)
ha-Ertrag, 4-motorig, Senioren-WG, T-Träger
ein rüstiger 70er, die 60er Jahre
ein 11-jähriger Junge, eine 80-seitige Broschüre

10 Der Apostroph

Aufgabe 1:

Bei Simonetti gibt‘s/gibts das beste Eis.
Wenn’s/Wenns regnet, bleiben wir zu Hause.

Johann Strauß‘ „Donauwalzer“
Klaus‘ Passfoto

Wir gehen ums Haus.
Aufs Wetter ist kein Verlass.
Nach dem Abitur gehe ich für drei Monate ins Ausland.

Apostroph hier nicht erlaubt

KOHL VERLAG ZEICHENSETZUNG – so geht's! Die Zeichensetzung verständlich erklärt – Bestell-Nr. 12 001